ALBERT GLATIGNY

SA VIE, SON ŒUVRE

PAR

JOB-LAZARE

AVEC UN PORTRAIT A L'EAU-FORTE

Dessiné et gravé

PAR

A. ESNAULT

FIT FABRICANDO FABER

PARIS

TYPOGRAPHIE DE A. H. BÉCUS

IMPRIMEUR-LIBRAIRE

16, RUE MABILLON, 16

—

1878

—

ALBERT GLATIGNY

ALBERT GLATIGNY

SA VIE, SON ŒUVRE

—————

I

La première pensée de celui qui verra
le titre de cet opuscule, sera naturellement
celle-ci : Quel est donc ce personnage important auquel on fait l'honneur d'une biographie posthume?

Je répondrai tout simplement : Ce n'est
point, il est vrai, un de ces conquérants
illustres qui ont bouleversé le monde, et
dont le nom apparaît à travers les généra-
tions comme un brillant météore; ce n'est
pas non plus un de ces génies éclatants qui,
comme Pascal et Newton, ont étonné l'uni-
vers par la profondeur de leurs vues; pas

même un avocat disert ou un industriel de
mérite. L'ami, trop tôt ravi à notre affection, se contentait d'être un garçon de talent, un de ces étonnants ciseleurs de rimes
qui, surtout, était un homme de cœur.

Aussi, cette ébauche n'est-elle pas destinée, je me hâte de le dire, à ce bourgeois
retiré qui fait ses délices des romans de
Ponson du Terrail, pas plus qu'à ces esprits
forts qui sacrifient au temple dont Veuillot
est le grand prêtre, et dont l'idéal, en fait de
religion et de politique, se trouve dans *San-
chez* ou dans les *Idées napoléoniennes.*

Il nous faut quitter le terre-à-terre prosaïque et aborder les hautes sphères, pour
suivre cet esprit charmant, ce versificateur
étourdissant de verve et de brio, dont les
rimes, tantôt claires et sonores, vibrent dans
l'espace comme des grelots joyeux; tantôt
graves et mordantes, dans les pièces indi-
gnées, sifflent et cinglent comme des lanières.

Non, il n'est pas illustre, dans le sens que
l'entendent une foule de gens; mais je puis
répondre, m'autorisant du témoignage de
Th. Gautier : « Si le public ne s'occupe guères
d'habitude que des étoiles de première grandeur, il n'en existe pas moins dans les cieux
des lueurs vagues qu'on néglige, et qui sont
parfois des mondes considérables observés

depuis longtemps par une certaine classe d'astronomes, et qui jouent un rôle important dans l'harmonie universelle. »

Une autre objection, qui a été faite également, est celle-ci : « Il était bien jeune quand il est mort, et n'a pas produit grand chose. »

Vous voyez d'ici combien il me sera facile de réfuter cette prétention. Si la fatalité est venue briser cette intelligence encore dans toute sa force, est-ce une raison pour laisser perdre son œuvre, quelque modeste soit-elle, si elle est bonne? A ce compte-là, que nous resterait-il de Chénier, Gilbert, Beaudelaire, Chatterton, et tant d'autres qui ont disparu à la fleur de l'âge?

Il n'est pas douteux que cette lacune n'aurait eu aucune influence sur les révolutions du globe, pas plus que sur les cours de la bourse; mais vit-on exclusivement de nourriture substantielle, et ne doit-on pas recueillir, pour les appétits spirituels, cette manne de l'intelligence qui fait que l'homme s'élève chaque jour davantage vers la perfection, et qui est le pain des forts et des audacieux?

Il a produit peu, dira-t-on encore; lorsque nous aurons à énumérer ses œuvres, on verra combien cette prétention manque de portée, en tenant compte surtout du laps de temps qu'il a eu à sa disposition, et des conditions de son existence maladive et misérable.

Ah! il est bien commode de courtiser la muse, quand on a à lui offrir un bon appartement chaud, une table confortablement garnie, et qu'on peut plonger à volonté la main dans les rayons d'une bibliothèque richement garnie, ayant le torse enveloppé d'une ample robe de chambre, et les pieds nantis de chaudes fourrures, quand souffle le vent du nord; mais celui qui, comme notre héros, vagabonde perpétuellement par monts et par vaux, à peine vêtu de toile en plein hiver, et trompant constammant sa faim, sans pouvoir l'assouvir, quelle énergie et quel amour de l'art ne lui faut-il pas pour chanter, alors que ses entrailles crient famine!

J'ai hésité longtemps, cependant, avant d'entreprendre cette étude, bien que j'aie été sollicité souvent et avec enthousiasme, par la plupart des amis du cher défunt. On est toujours disposé à attribuer des qualités aux gens que l'on a connus et aimés; aussi ai-je voulu, outre mon appréciation personnelle sur cette question délicate, me fortifier du témoignage de plusieurs écrivains de talent, pris parmi les opinions les plus extrêmes, mais tous impartiaux et d'une autorité incontestable.

C'est le même motif qui m'a poussé à faire ressortir les défauts du poëte, pour faire briller davantage ses précieuses qualités. L'intégrité du narrateur doit consister essentiellement à ne pas surcharger son modèle d'un fard trompeur qui, en outrant tel ou tel relief, finit par le rendre méconnaissable, même aux regards les plus bienveillants et les plus prévenus.

Parmi les nombreuses sollicitations que j'ai reçues, et qui m'honorent, je demande la permission d'en citer une qui résume à peu près toutes les autres, et qui me servira en même temps d'excuse, si mon audace a été trop grande aux yeux de quelques personnes.

« Certes! oui, mon ami, vous devez publier votre travail sur Glatigny : vous le pouvez, vous le devez. C'est le devoir du cœur et une éclatante protestation de ce que vaut le génie improvisateur contre la badauderie et le byzantinisme de ces mille farceurs qui venaient l'applaudir à l'Eldorado, et dont pas un ne s'inquiétera jamais de savoir si l'homme de talent qui les charmait est mort sur la paille ou dans un palais. Pour eux, du reste, le poëte reçoit dès sa nais-

sanee son numéro d'hôpital; voilà qui est bien
positif.

« Mais aussi vous aurez pour vous toutes
les âmes endolories par les déceptions, et
aigries par les luttes et la misère. Eh! mon
Dieu, n'en eussiez-vous qu'une, n'eussiez-
vous même que votre conscience qui vous
crie bravo! vous devriez vous estimer heureux encore. Vous avez plus que cela : les
gens de cœur foisonnent à Paris, et c'est
près d'eux que vous aurez un écho cha-
leureux et sympathique.

« Si vous saviez comme le peuple des gri-
settes et des rapins raffole de Mürger, et
comme sa tombe, au jour des morts, chaque
année, se voit surchargée de couronnes
blanches et d'immortelles! On a placé sur
les restes de cet enfant de la Bohéme la
statue de la Jeunesse. C'est aussi une étrange
erreur que celle que l'on vient de commettre
en nous faisant de Jeanne d'Arc un bébé serré
dans un étui de fer-blanc.

« Non, certes, Mürger n'est pas le symbole
de la Jeunesse : la jeunesse aime et chante,
mais elle doit souffrir et travailler. L'époque
de la Bohème et de ses héros n'est pour moi
qu'un tissu de spirituelles escroqueries, qui
frisent la correctionnelle, et qui n'ont pu
donner qu'une trés-médiocre idée de la probité

des artistes. La plaie sera longtemps profonde!

« Oh! mon ami, que j'aime les Reboul, les Jasmin, les Blanchecotte, tous ces chanteurs qui nous ont charmés, tout en traînant la chaîne lourde du travailleur, toujours en lutte contre la nécessité!

« J'ai sur Mürger les appréciations d'Arthur Arnould, qui m'ont fait voir bien petit ce héros de l'hôpital (qui, après tout, était la maison Dubois). Le vrai chantre, le vrai rossignol de la jeunesse et de l'amour, c'est pour moi ce Trouvère vagabond, à qui tout Paris a jeté des rimes, et pour qui l'improvisation était un gagne-pain. Et, sans même tenir compte de la vie privée, ce sera encore lui qui aura toutes mes préférences, car chez lui le vers coule de source et ne garde aucune apparence de travail; Mürger, au contraire, a le vers péniblement cherché; on voit l'effort et l'on souffre de la sécheresse de sa verve poétique.

« Mürger appartient à l'école des larmoyeurs; il a chanté une catin. Glatigny est tout à sa Thérèse. Cette Thérèse me sourit, elle me charme, « *elle est blonde, elle a raison.* »

« Retracez-nous donc cette vie si courte, hélas! mais si douloureusement remplie; tous les hommes de cœur vous liront.

« F. de BIOTIÈRE. »

Outre ces éloquentes considérations, il en est encore quelques-unes qui me sont personnelles, et dont je veux faire part à mon lecteur.

Chaque jour on déplore de ne pas connaître quelques détails sur la vie intime des grands hommes de l'antiquité ; que sait-on de la jeunesse d'Homère, de Virgile ?.. Côme et Vérone se disputent l'honneur d'avoir donné le jour à Pline l'Ancien, mais aucune de ces deux villes ne possède d'indices certains ; combien cela n'est-il pas regrettable ! — Prenons même un exemple plus récent : Quelles notions nous reste-t-il sur les premières années de Petrus Borel ? Rien, ou à peu près.

Il serait si bon cependant de pouvoir se remémorer aujourd'hui les faits et gestes de ces hommes dont s'honore l'humanité, de suivre pas à pas, pour ainsi dire, les efforts de leur génie, depuis leurs premiers begayements jusqu'au point culminant qu'ils ont atteint. Au lieu de tout cela, nous en sommes réduits à des conjectures, le plus souvent hasardées.

Pourquoi suivre alors ces errements que nous condamnons ! Certes, il est loin de ma pensée de vouloir établir une comparaison entre le modeste versificateur dont j'entreprends d'esquisser la biographie, et ces im-

mortels poëtes; mais, sans avoir fait l'Illiade
ou les Bucoliques, ne peut-on avoir été marqué au front par la Muse, et tenir quand même
sa place au grand soleil! Que de talents,
auxquels il a manqué la consécration, sont
restés obscurs et sont tombés dans l'oubli.
Oubli regrettable à tous les points de vue,
car c'est l'accumulation de toutes ces lumières éparses qui forme tôt ou tard la somme
d'intelligence de l'humanité.

Autre chose. — Qui de nous, depuis la
merveilleuse invention de la Photographie,
ne possède pas un album où sont classés,
par ordre de date ou pêle-mêle, les portraits
des personnes chères à différents titres, parents, amis, simples connaissances? — Au
bout de quelques années, on s'aperçoit que
plusieurs manquent à l'appel : les unes se
sont expatriées, d'autres sont parties pour le
grand voyage... Quel ineffable bonheur alors
de pouvoir contempler encore ces visages
sérieux ou gais, qui ont marqué leur place
dans votre vie, à un moment donné, et dont
il ne vous reste plus que ce pieux souvenir
qui se ravive chaque fois qu'on feuillette les
pages aimées! Comme on sent se réveiller
en soi plus vivace et plus profond ce culte
des morts regrettés, alors qu'il est encore
loisible de contempler ces yeux qui semblent

vous regarder à travers l'éternité, cette bouche qui paraît vous sourire par de là l'infini!

Hélas! de jour en jour le nombre va croissant; la funèbre faucheuse accomplit sans
relâche sa fatale besogne, et, comme l'a dit
Lamartine :

Le livre de la vie est le livre suprême
Qu'on ne peut ni fermer ni rouvrir à son choix ;
Le passage attachant ne s'y lit pas deux fois,
Et le feuillet fatal se tourne de lui-même.
On voudrait revenir à la page où l'on aime,
Et la page où l'on meurt est déjà sous nos doigts!

Mais les souvenirs, si vifs qu'ils soient,
finissent par s'affaiblir ; l'âge vient qui fatigue la mémoire ; et puis les victimes tombent
drû autour de nous. A la fin, le cerveau ne
conserve plus qu'une conception confuse, où
viennent s'enchevêtrer dans un inextricable
réseau tous les événements dont l'impression
avait d'abord été si vive. C'est de ce chaos
d'idées obscures que naît l'oubli.

Mais si, au verso de chacune de ces ima-
ges, on avait eu soin d'inscrire de temps en
temps quelques lignes relatant les faits im-
portants de l'existence du personnage en
question, combien ne serait-on pas agréablement surpris, plus tard, de retrouver là, en
caractères vivants, toutes les scènes qui
vous ont occupé, et auxquelles vous avez
participé dans une cetraine mesure. L'his-

loire de ces gens, à laquelle vous avez été mêlé plus ou moins directement, est presque votre histoire, en ce sens que vous avez éprouvé de la joie à telle place, tandis qu'à telle autre vous avez laissé un lambeau de votre cœur.

Appliquez et développez cette idée, et vous aurez précisément ce que je me propose de faire. Et ne sera-ce pas plus agréable cent fois, si, au lieu d'un simple portrait orné de notes éparses, vous possédez en un coin de votre bibliothèque la biographie complète de tous ceux que vous avez connus et aimés, surtout lorsque ceux-là étaient des hommes de talent et de cœur !

Je ne veux pas terminer ce préambule né- cessaire, sans remercier avec effusion ceux qui m'ont facilité cette tâche délicate, par leurs précieux renseignements et leur sympathique concours.

Je citerai spécialement MM. Canel, le modeste savant qui eut l'intuition du mérite de Glatigny, et qui dirigea ses premiers pas ; Théodore de Banville, une des célébrités les plus marquantes de la littérature contempo- raine ; Poulet Malassis et Lemerre, ses intel- ligents et sympathiques éditeurs ; Péricaud, l'artiste si distingué, qui fut un de ses meil- leurs amis ; Boué (de Villiers), le rédacteur en chef du *Progrès de l'Eure;* Victor Garien, beau-frère du défunt, et bien d'autres qui m'ont honoré de leurs encouragements et de leurs conseils.

N'oublions pas surtout cette gracieuse jeune fille, qui épousa le poëte alors que tout espoir de guérison était déjà perdu, afin de pouvoir se dévouer plus complétement à lui, et qui n'a pas eu la force de lui survivre.

Qu'ils reçoivent ici l'expression de ma profonde gratitude, et de ma vive amitié.

II

— A quelle école appartient Glatigny?

Avant de répondre à cette question, il est nécessaire d'entrer dans quelques développements généraux, sur les diverses modifications qu'a subies la littérature, depuis sa transformation.

Toute commotion violente a son contrecoup forcé : 89 a amené 93 et le Directoire ; le 4 septembre produisit la commune d'un côté, et l'Assemblée de Versailles de l'autre.

C'est le propre des révolutions de transfigurer la littérature, en influant sur les mœurs. Après 89 vint Chénier, qui fut déjà une révélation ; 1830 produisit *Hernani* et *les Iambes*, par la même raison que l'*Année terrible* apparut après la guerre de France.

On ne saurait trop insister sur ceci : Le grand mouvement de 1830 fut le coup de foudre qui fit éclore l'aurore romantique. En provoquant les explosions, il a fait une large trouée dans la versification didactique, et l'a poussée à un point de grandeur qu'on ne songe même plus à discuter aujourd'hui.

A l'appel du cor d'Hernani, s'était levée toute une phalange d'ardents champions ; ceux qui ont assisté à ces luttes titanesques se rappellent avec quelle ardeur les combattants se jetaient dans la mêlée, et l'effet hydrophobe que produisit alors le fameux gilet rouge de Théophile Gautier.

Dans le principe, la politique ne fut peut-être pas aussi étrangère qu'on le croit à ces événements ; mais si elle en fut le prétexte, le vrai but était la réforme littéraire. L'effervescence qui avait gagné les masses fut enrayée et tourna au profit de l'intelligence. Le champ était vaste, d'ailleurs, et le courant impétueux, libre de ses entraves, se mit à déborder de toutes parts, renversant Écoles et préjugés, dénaturant aussi parfois les saines doctrines et froissant même le bon goût. Le bourgeois — le *philistin* — devint l'ennemi commun, sur lequel se rua l'avalanche, et, il faut le dire, on ne le combattit pas toujours avec des armes courtoises.

Cette révolution romantique, qu'avait précédée le réveil libéral de la Restauration, écrasant les classiques chenus et les mièvreries des Dorat et des Berquin, ne pouvait faire moins que d'engendrer des sectes outrées : les uns sacrifiaient tout à la forme ; d'autres, au contraire, allèrent demander à

la poésie grecque ses coupes les plus pures
et les perfections les plus idéales de ses
rythmes. Dès lors, la poésie eut ses *harmo-
nistes* et ses *mélodistes*, comme la musique,
et cette ligne de démarcation se dessina de
plus en plus, à mesure qu'on se rapprocha de
l'époque actuelle.

Le fameux « point sur un i », de Musset a
fait tourner bien des têtes ; ce fut à qui for-
cerait la muse à enjamber des mesures et à
jeter son bonnet par dessus les obstacles les
plus scabreux.

Trop souvent l'engouement de la rime
riche a poussé les auteurs dans les fantaisies
de l'extravagance. Les consonnances im-
parfaites choquent certainement beaucoup
l'oreille et le bon goût ; ainsi dans le fameux
Chant du Rhin, d'Alfred de Musset, on aurait
préféré à *allemand* une autre rime que *sang ;*
mais quelle différence encore, à côté d'élucubrations comme celle-ci :

> Sois grand ! ce rimeur absurde
>   Trop peu sûr de.....

que je trouve dans un journal de Bruxelles,
et cette autre, signée par Beaudelaire, dans
le Parnasse satyrique :

> Vacquerie
> A son Py-
> lade épi-
> que : « *Qu'on rie*

Ou qu'on crie,
Notre épi-
Brave pi-
aillerie.

O Meuri-
ce ! il muri-
ra momie.

Ce truc là
Mène à l'A-
cadémie.

Glatigny n'a pas su lui-même résister à la
tentation ; quelques-unes de ses pièces portent l'empreinte de cette disposition à la
fantaisie cascadeuse et échevelée. Je trouve,
dans ses *Gilles et Pasquins*, ces assonances
bizarres :

... ... Si l'allumette amorphe ose
Même en rêve éclairer cette métamorphose.
Dans les bouchons où l'on donne du thé sans thé,
Nous buvions si gaiement jadis à ta santé.

— Et dans ses *Portraits-cartes*, cet enjam-
bement :

Pourquoi tant de Claras, de Flores, de Finettes,
        Usurpant toutes les
Places, dans les albums des familles honnêtes,
        En montrant leurs mollets?

Lamartine a dit, à propos des imitateurs
de Byron et de Musset :

« Qu'avons-nous vu sortir de leur école?
« Une foule d'écrivains grimaçant des grâces,
« naturelles chez ces grands artistes, affec-

« tées chez eux; la platitude systématique
« animée, se masquant pompeusement sous
« le nom prétentieux de *Réalisme!* — La
« poésie se dégradant au tour de force comme
« une danseuse de corde! les poëtes oubliant
« le sens pour ne s'occuper que des mètres
« et des rimes de leurs compositions, et
« finissant par se glorifier eux-mêmes du
« nom de *Funambules* de la poésie! Un jeu,
« en un mot, au lieu d'un talent! un effort,
« au lieu d'une grâce! un caprice, au lieu
« d'une âme! une profanation, au lieu d'un
« culte! un sacrilége. au lieu d'une adora-
« tion du bien et du beau dans l'art. »

Je suis d'avis que Lamartine pèche par le
sens opposé : le sentimentalisme outré;
mais, pourtant, je dois avouer que si j'avais
à choisir, je n'hésiterais pas.

Ne blâmons point trop sévèrement cependant ces exagérations, qui ouvrirent la nouvelle voie où s'engageait la poésie. Tous les
excès sont blâmables, sans doute, mais il
faut tenir compte de la bonne volonté en matière de progrès. Les hardiesses de tournure
et de langage, sagement distribuées, donnent un bien vif éclat aux morceaux dans
lesquels elles se trouvent savamment en-
chassées. Comme ces simples toilettes où

brille un diamant, comme une fleur épanouie
où scintille une goutte de rosée, le mot heureux illumine la pénsée la plus obscure de
ses feux, et la fait saillir en lui donnant un
relief prodigieux. Que serait le plus bel œil
humain, si la lumière, de ses ardents rayons,
n'y allumait une étincelle! Le mot brillant
donne la vie à la poésie, comme le soleil à la
nature, comme ces éclaircies brusques que
l'on voit surgir dans les tableaux de Rem-
brandt, et qui se détachent si majestueusement sur les fonds obscurs de la toile.

Émile Deschamps a dit quelque part :

« Dans les arts, si la forme n'est rien toute
« seule, il n'y a rien sans elle. En effet, pour
« nous en tenir à la poésie, des moules sonores
« et brillants avec des pensées vulgaires ne
« seraient autre chose qu'une liqueur insi-
« pide renfermée dans un vase précieux ; et,
« par contre-coup, de fortes idées ballottant
« dans un vers flasque, dans une strophe dé-
« bile, ressembleraient à un vin généreux
« qui s'évapore et perd sa valeur dans un
« vase fêlé ou mal fermé. »

Cela est parfaitement vrai. La réunion des
deux qualités implique nécessairement cette
perfection que tout le monde ne peut atteindre, mais qui est le lot exclusif de quelques-
uns. Je n'en déduirai pas que Glatigny soit

un de ces privilégiés, mais cependant il est de mon devoir de réagir énergiquement contre cette tendance qui consiste à faire de lui un ciseleur de strophes, s'occupant exclusivement d'enluminer des contours vagues, sans se préoccuper du fond même de son sujet. Qu'on me permette de citer à l'appui un sonnet trouvé dans une de ces mille feuilles éparses où il égrenait superbement son beau talent aux quatre vents du ciel, sans plus se soucier de l'avenir de son œuvre que du sien propre.

Hier, je relisais mes vers de dix-huit ans,
Des vers désespérés, noirs de mélancolie;
Le désenchantement, le néant, la folie
Y chantent tour à tour, parfois en même temps.

O cauchemars naïfs! (j'y songe par instants),
Dire que tout cela sans trop d'efforts s'allie
Avec la sève, avec l'âme d'amour emplie,
Et la santé robuste et les cheveux flottants!

Aujourd'hui que le corps est lassé, que la route
A fatigué mes pieds, le spleen, l'ennui, le doute
Se sont évanouis au rayon du soleil,

Et le vieux vagabond, saignant, meurtri, caresse
La jeune illusion au beau rire vermeil,
Et sent fondre son cœur en hymne d'allégresse.

— Glatigny, sans être d'aucune École spéciale, a pris à chacune d'elles ce qui pouvait lui convenir pour constituer cette originalité qui lui est propre. Élève de Victor Hugo, de Musset et de Banville, il a su, tout

en suivant les allures de ces maîtres, éviter
le plagiat et le servilisme, pour donner à son
travail le tour de main particulier qui en fait
une personnalité nouvelle.

Mais celui qu'il préférait à tous, et auquel
il avait voué une sorte de culte, c'est le dernier nommé. Il dit lui-même, dans l'épilogue
de ses *Gilles et Pasquins* :

O mes vers! on dira que j'imite Banville,
On aura bien raison si l'on ajoute encor
Que je l'ai copié d'une façon servile,
Que j'ai perdu l'haleine à souffler dans son cor.

Nous retrouverons à chaque instant, dans
le cours de ce travail, des preuves d'une
affection sans bornes pour l'auteur des
Odes funambulesques. « L'amitié d'un grand
homme est un bienfait des dieux », a dit Corneille; celui qui sait inspirer un pareil dévouement, doit en être honoré au même titre
que celui qui est capable de le ressentir.
Aussi, le grand poëte n'a-t-il jamais cessé de
veiller sur le pauvre Trouvère vagabond, qui
trouvait toujours chez lui des conseils et des
encouragements.

— S'inspirant surtout du xviiie siècle, il a
pris à Marot ses tours élégants, à Ronsard
ses coupes séduisantes, sans tomber dans
des excès funestes, si habituels aux poëtes
qui copient un genre. Mêlant constamment

à la grâce et au sentiment la vieille sève
gauloise, il a su éviter le relâchement de
cette époque, et les fadeurs modernes, et
donner à ses productions un cachet spécial,
qui aurait fait de lui un Maître, si la mort
n'était venue lui barrer la route.

Il a l'art des coupes heureuses, des sus-
pensions savantes, des rejets recherchés,
des riches consonnances. Il connait les sé-
ductions de la forme, le charme de l'harmonie
et la recherche de l'expression. Sans trop
fouiller son œuvre, il arrive à la délicatesse
des détails qui amènent forcément l'élégance
et la solidité; et, faveur bien rare et bien
précieuse, il a su éviter ce byzantisme écœurant qui a énervé la plupart des créations de
ces derniers temps.

Je veux transcrire ici les jugements qui
ont été portés sur lui par des hommes compé-
tents et foncièrement impartiaux; afin d'établir d'une manière indiscutable les titres
qu'il peut avoir à la reconnaissance publique,
et la place qu'il faudra assigner à son talent
dans la littérature contemporaine.

Prenons d'abord M. Camille Pelletan :
« Poëte fougueux et nerveux, dit-il, débordant et ciselant de verve avec un relief in-
comparable, nul ne retrouva mieux que lui
les hautes qualités de l'École poétique du

xvie siècle, l'éclat solide, le jet lyrique, la forme souple, sereine et pleine, le contour net, l'élan spontané de l'art; arrière petit-fils de Ronsard et de ses disciples, comme eux ignorant les troubles de l'âme et les modernes mélancolies, il aima surtout comme eux les rhythmes sonores, les belles lignes et les belles couleurs; et foncièrement sincère, ne chanta que ce qu'il aima. »

Et ailleurs : « Comédien avec passion, rimeur par nature et tellement en dehors de la foule, qu'il paraissait presque lui-même être la création chimérique d'un poëte, plutôt qu'un homme de chair et d'os. C'était, à vrai dire, une figure d'un autre âge, égarée en un temps prosaïque : Bohème, non pas comme Mürger, mais comme Panurge; acteur, non pas comme nos *honorables* de la scène, mais comme l'Étoile ou la Rancune; poëte que le sort fit par une étrange antithèse contemporain de M. Pailleron, et parent des grands artistes de la pléiade. Tout en lui était harmonique, sa poésie si éclatante, son personnage si étrange et d'un tel relief, sa vie qui était tour à tour une Ode de Ronsard ou un chapitre de Pantagruel : tant il était né pour échapper à nos vulgarités! »

Ernest d'Hervilly dit de lui, à propos de la réimpression de ses premières poésies :

« Dans ce livre de véritable artiste éclatent une personnalité littéraire, un tempérament poétique, un esprit amoureux des choses élevées, des plus caractérisés.

« Les poésies d'Albert Glatigny, épuisées aussitôt que mises en vente, en 1860 et 1864, sont de ces volumes qu'il faut absolument posséder dans une bibliothèque délicatement formée.

« C'est un Maître dans la génération contemporaine. Rimeur impeccable, épris de la forme, il est aussi un penseur très-vivant, à la fois tendre et spirituel. La grande allure de son vers, le choix de ses rhythmes, charment d'abord vivement le lecteur, que l'ardeur du sensualiste et du Parisien séduit et entraîne bientôt. »

— « Littérairement, écrit Auguste Vacquerie, ce fut un poëte. Nous voulons dire que c'était son âme qu'il exprimait en vers. Sa poésie est sincère, c'est-à-dire vivante et diverse. Il est logique et il est réel; il est touchant et il est comique. En même temps que l'auteur des *Flèches d'or*, il est l'auteur de *Gilles et Pasquins*.

« Il était impossible qu'étant poëte et comédien il ne devînt pas poëte dramatique. On a joué de lui deux petits drames : *le Bois* et *Vers les saules*, que tous les lettrés ont applaudis. Mais ce n'était encore là que le lever de rideau de son théâtre. Sa vrai pièce était son *Brizacier*, où il s'était mis tout entier, talent et existence.

« Brizacier est un comédien qu'on arrache au théâtre, et qui, en pleine famille, en plein bonheur, expire. Lui aussi, était un comédien sorti du théâtre; lui aussi, c'est en pleine famille et en plein bonheur qu'il est mort. »

— M. Boué (de Villiers) s'exprime ainsi : « A l'âge de dix-sept ans, il publiait un volume de poésies, intitulé *les Vignes folles*, qui le plaçait du premier coup au rang des plus heureux adorateurs de la forme. Personne, parmi les poëtes du nouveau Parnasse, n'a poussé plus loin que lui l'exécution aisée, la pleine possession du rhythme. Ses premiers essais sentaient beaucoup l'imitation de M. Théodore de Banville, envers qui son élève ne méconnut jamais ses obligations; mais, moins finement gouailleur que son modèle, Glatigny était supérieur par la passion et le mouvement. »

— M. Firmin Maillard, qui vient de publier une étude rétrospective sur les artistes morts jeunes, et qu'il a intitulée *les Derniers Bohèmes*, consacre les lignes suivantes à la mémoire du cher vagabond : « Glatigny s'est fait lui-même. Il procédait de V. Hugo et de

Banville, mais sa poésie contenait des étrangetés et des hardiesses d'allures, en même temps qu'une chaleur d'impression et un entraînement qu'on ne trouve pas toujours chez ce dernier. On y sent passer le souffle de Regnier et de Ronsard. »

— Enfin, Victor Hugo, le maître des maîtres, lui écrivait ce qui suit, en réponse à un envoi de poésies (1) :

« Vous avez, cher poëte, un auditeur lointain, mais attentif; c'est moi. Il y a un écho pour vous dans mon désert. Je viens de lire de charmants vers créés d'emblée par vous. Les rimes qu'on vous jette, en s'envolant vers vous, deviennent des langues de feu. »

III

Albert Glatigny, « fils, neveu et victime de gendarme », comme il s'intitule lui-même, est né à Lillebonne, département de la Seine-Inférieure, et non à Bernay, dans l'Eure, comme on l'a affirmé bien souvent. Voici, du reste, un extrait du registre de l'État civil qui tranche la question.

MAIRIE
DE
LILLEBONNE

Du vingt-huitième jour du mois de juin, l'an mil huit cent quarante-trois, à onze heures du matin, acte de naissance d'un enfant qui nous a été présenté, et qui a été reconnu être du sexe masculin, né le jour d'hier, à une heure du matin, au domicile de ses père et mère ci après nommés.

Fils de Isidore Clément Glatigny, âgé de vingt et un ans, contre-maître; et de Louise Victorine Leber, son épouse, âgée de dix-huit ans, demeurant ensemble à Lillebonne, et mariés en cette ville le douze mars, mil huit cent quarante-deux. Lequel enfant a reçu les prénoms de Ernest Albert, sur les réquisitions et présentations à nous faites par ledit sieur Glatigny, en présence de, premier témoin : François Pascal Brunet, âgé de trente-deux ans, serrurier, demeurant à Lillebonne. Second témoin : Étienne François Leflère, âgé de cinquante-sept ans, couvreur en ardoises, demeurant aussi à Lillebonne. Lesquels ont signé avec le déclarant et

nous, après lecture, le présent acte qui a été fait
double en leur présence, et constaté suivant la loi, par
nous Jean Louis Cyprien Normand, conseiller municipal,
remplissant les fonctions d'Officier public de l'État-civil
de Lillebonne, à défaut de maire et d'adjoints.
P. BRUNET. François LEFLÈRE. C. GLATIGNY.
C. NORMAND.

La mère de Glatigny est une bonne pay-
sanne normande, de haute stature, et ayant
tout ce qu'il faut pour être heureuse dans
sa condition. Son père, d'abord contre-maître, comme nous l'avons vu, devint gendarme, et fut envoyé dans l'Eure, ce qui fait
supposer à beaucoup de gens que là fut le
berceau de notre poëte. On s'accorde généralement à dire que ce fut un gendarme modèle, plusieurs fois médaillé pour belles
actions, et qui dût être fort étonné par la
suite d'avoir collaboré à la naissance d'un
être de l'espèce de son fils. La pauvreté
continuelle de ce fils, ses vagabondages,
ses connaissances illustres, tout cela était
de nature, en effet, à troubler le jugement
qu'il pouvait se faire de sa progéniture.

Plus tard, il rentra dans la vie privée et
se fit jardinier. Il est actuellement garde-
chasse sur une propriété d'un de Maistre,
petit-fils de l'auteur du *Livre du Pape*, qui
fut profondément blessé, dit-on, du mariage
civil de notre héros.

Au sortir de l'école, Albert Glatigny fut employé à barbouiller du papier chez un notaire ou un huissier; mais une pareille occupation ne pouvait convenir longtemps à cet esprit avide d'aventures. Il débuta bientôt comme apprenti typographe à Pont-Audemer, où le savant et excellent M. Alfred Canel, ancien député de 1848, avocat et écrivain libéral distingué, remarqua ses premiers essais littéraires éclos dans le journal du crû, l'encouragea, l'aida et le protégea.

Le goût de la comédie prit le jeune attrape-science en suivant les représentations du théâtricule Pontaudemérien. Il s'engagea dans cette troupe, débuta, fut sifflé avec justice, puis de là partit pour cette vie de *Roman comique*, qui fut la sienne, et dont la mort seule le dépêtra.

En 1856, il faisait partie de la troupe de Blanchereau, pour y remplir un rôle d'*utilité* quelconque, et au besoin celui de souffleur. Cette troupe revint à Pont-Audemer vers le commencement de l'hiver. C'était alors un grand garçon imberbe, vêtu de nankin du haut en bas; ce n'était pas le résultat d'un caprice : le pauvre diable gagnait à peine de quoi satisfaire aux exigences de son estomac. Il se consolait en ébauchant des vers, pleins d'entrain, mais sans le moindre égard pour les besoins de la Prosodie.

Coiffé de l'idée d'improviser une pièce d'histoire locale, il vint présenter à M. Canel ses ébauches, et lui demander un sujet. Quatre ou cinq jours après, il lui rapportait un drame en trois actes, intitulé : *Les bourgeois de Pont-Audemer au* XVIIᵉ *siècle* — Episode de la Fronde.

.Grâce aux critiques bienveillantes de son Aristarque, ses vers étaient devenus plus réguliers ; ils revirent ensemble ce nouvel essai d'une Muse encore à la mamelle, et il n'en fallut pas davantage pour que l'écolier put se passer désormais de correcteur. Quant à la pièce, elle fut très-bien accueillie ; le directeur lui donna une rémunération qui lui permit de substituer la laine au nankin ; mais la tête s'était surexcitée jusqu'à l'excès, et, parti pour Évreux, avec la troupe, il y fut atteint d'une fièvre cérébrale.

Guéri, à peu près, une autre maladie le prit : il devint amoureux d'une actrice ; — toujours le Roman comique : il eut son Étoile. Mais, sans le sou, son amour est dédaigné. Ce fut un cruel désappointement pour ce rêveur candide, qui ignorait encore qu'ici-bas tout se vend, même l'amour....,

surtout l'amour! Il se frappa d'un coup de
canif dans la région du cœur; heureusement
la lame se ferma, et ce fut le pouce de sa
main droite qui reçut l'atteinte. Il porta
toujours les marques de cette blessure.

A peine remis, il vint à Alençon, toujours
dans la troupe théâtrale de Blanchereau;
M. Poulet Malassis était alors rédacteur en
chef du *Journal d'Alençon*. Il lui avait adressé
une pièce de vers, avec prière d'insérer, à
la gloire de Théodore de Banville, dont il
venait de lire les *Odes funambulesques*. Ce
livre avait été une révélation pour lui; il
est resté depuis le disciple fidèle et l'ami
dévoué du poëte. Cette pièce, assez mauvaise quand à la forme, ne fut pas imprimée; elle est curieuse, toutefois, comme
point de départ du genre nouveau qu'adop-
tait Glatigny, et c'est à ce point de vue que
je la transcris ici.

A l'auteur des *Odes funambulesques*

Poëte à qui la fantaisie,
    Au front brillant,
Verse la vive poésie,
    En souriant.

J'ai vu de tes refrains burlesques
    Le tourbillon
Sonner des chants funambulesques
    Le carillon;

Par dessus les plus hautes cîmes
Du bel azur,
J'ai vu papillonner tes rimes
Dans un ciel pur!

Comme elles sont riches et belles!
Tes doux concerts
Comme des flèches d'étincelles
Percent les airs

Tous ces gais couplets, joie et flamme,
J'aime à les voir
Et je leur ai fait dans mon âme
Un reposoir,

Pensant qu'un peu de leur arôme
Y resterait,
Car, tu sais, le caillou s'embaume
Près de l'œillet!

La muse des vieilles antiennes
Avec toi vit,
Ton retour aux formes anciennes
Charme l'esprit.

J'aime la fière ciselure
De tes beaux vers,
Ta muse a la blanche figure
Aux doux yeux verts.

Où donc as-tu vu le génie
Des chants divins?
Qui donc t'a versé l'harmonie
A pleines mains?

Dans ces chants d'amour c'est merveille
De voir parfois
Comment cette lyre vermeille
Lève la voix,

Se dressant et superbe et fière,
D'un air fatal,
Et faisant siffler la lanière
De Juvénal!

Ton Évohé, comme elle est vive !,
    Comme elle accourt
Et fustige, Muse incisive,
    Les Mirecourt,

Les Bourgeois, et toutes les sectes
    De vils rageurs,
Comme elle pique ces insectes,
    Ces aboyeurs !

Marche toujours, ô cher poëte,
    En ces chemins ;
Ceux pour qui l'art est une fête,
    Battent des mains.

Marche, et jamais ne te soucie
    Du qu'en dit-on,
Et pardonne ma poésie
    De mirliton.

— C'était signé : A. Glatigny, artiste, cour du Paradis. — Guibray.

Toujours comédien dans la même troupe ambulante, en Août, il est à Falaise et fait un drame : *Guillaume le Conquérant* (toujours la manie d'histoire locale : Guillaume était de Falaise), qui fut défendu par la censure. On y vit des allusions aux gens qui violent leurs serments... C'en fut assez.

En Décembre il rompt avec Blanchereau, et entre dans les bureaux d'un journal, à Paris, où il gagne cinquante francs par mois, mais il n'y reste pas.

Vers la fin de Janvier il a enfin trouvé un nouvel engagement à Nevers : « Il était temps, écrivait-il, lorsque les avances sont arrivées j'étais couché depuis deux jours, et tenu au lit par mes souliers dont les semelles avaient entièrement disparu. » On peut juger par là si l'estomac pouvait se trouver dans de bonnes conditions.

En Février, à Nevers, il obtient quelque succès comme comédien et comme auteur. La troupe avait débuté par un prologue d'ouverture de sa composition.

Juillet le trouve à Épinal, après la faillite de son directeur. Triste position, toujours, mais il a fait connaissance de Banville, qui promet de lui faire recevoir une comédie à l'Odéon... Toutefois, il songe à se faire soldat ; mais cette idée est à peine éclose qu'elle retourne au néant. Il reste comédien et va à Belfort dans une nouvelle troupe ; mais s'il y reste, c'est qu'il manque d'argent pour aller à Paris, où il serait sauvé. — Du moins le suppose-t-il ainsi.

17 Août. — Enfin, son grand rêve va s'accomplir : il va pouvoir partir pour Paris. « Je vous écris d'Héricourt, disait-il à M. Canel, un village où nous sommes allés jouer, sur deux planches dressées dans la salle de la mairie, du Scarron tout pur, moins la poésie. Nous retournons à Belfort après le spectacle. »

En avant les projets ! il fera probablement

ses premières armes dans le *Tintamarre*; il
refera son *Nicolas Poussin* (encore un drame),
pour l'Odéon, et il mettra son *Guillaume le
Conquérant* en prose, pour la Porte Saint-
Martin.

A peine arrivé à Paris, il écrit : « Je vais
entrer au Gaulois. J'ai gagné quarante francs
avec des vers que j'ai faits pour un confec-
tionneur d'Opéras-comiques. M. de Neuville
m'a installé en plein pays latin. »

Et le voilà heureux !.. Il retrouve de Banville, fait connaissance avec Beaudelaire, et
les habitués de la *Brasserie des martyrs :*
Monselet, Charles Bataille, Amédée Rolland,
Poulet Malassis, Jean du Boys, etc... C'est
grâce à Charles Bataille qu'il a pu faire
imprimer son premier volume de vers, ses
Vignes folles. — Il avait environ dix-huit ans.
Bataille lui fit donner par Rosette, son colla-
borateur, le papier qui restait de l'impression
d'un livre sur la *Question italienne;* la Librairie Nouvelle se chargea de l'impression, et
M. Poulet Malassis obtint gratis de Bracque-
mond un frontispice. Glatigny avait eu le
dessin de ce frontispice de Voillemot, sans
doute par Banville.

Jusqu'en 1863, il cabotina d'une province à
l'autre, vivant au jour le jour, jouant la comédie et faisant des vers tour à tour,

Théodore de Banville fit sur lui cette pochade qui parut quelque temps après dans le
Masque, entourée d'une charge abracada-
brante de Durandeau :

Ce grand corps vraiment maigre et que nul lard ne barde,
C'est Albert Glatigny, comédien et Barde,
Qui, lorsqu'il ne fait pas des vers par les chemins,
Suit en habit rayé Thalie aux blanches mains.
Mais que devant ses yeux vole cet hippogriffe
La rime, alors, pareil au pic de Ténériffe
Il se dresse ; il enfourche au sein des airs vermeils
Ce coursier qui se brûle aux cheveux des soleils ;
Citoyen de l'espace, il se rit des cadastres,
Et dans l'azur qu'embrase un fourmillement d'astres,
Bravant tous les dangers que le vulgaire a craints,
Il s'envole, tenant le monstre par les crins.

IV

Avant de suivre plus loin notre héros dans sa vie aventureuse et nomade, il convient de parler un peu de son tempérament et de son caractère.

Au physique, il était toujours le même. On avait inscrit ce quatrain au-dessous de son portrait, dessiné à la sanguine par Molin :

Ce lyrique mal mis, ce fumeur au long cou,
Qui s'allonge toujours, sans qu'on sache jusqu'où.
C'est Glatigny, jeune homme aussi gras qu'une échelle,
Exilé de Paris, comme de Larochelle.

— Ce Larochelle était le directeur du théâtre Mont-Parnasse, auprès duquel Glatigny avait fait de vains efforts pour se faire engager, et non, comme on pourrait le croire, la ville de ce nom.

L'épithète la plus injurieuse qu'on pouvait lui adresser était celle de « Bohême. » — Bohême! ce mot le mettait en rage, et il était cependant inséparable de son nom, lorsqu'un journal donnait de ses nouvelles ou citait des vers de lui. On peut penser, dès

lors, si les occasions de rager étaient fré-
quentes !

« Bohème ! s'écriait-il, les crétins !.. Mais
le Bohème ne travaille pas, le Bohème s'a-
pâtit chaque jour dans sa mollesse incurable,
sans savoir ce qu'il fera le lendemain. Moi,
au contraire, je travaille sans cesse. Demain
je suis à cent lieues de l'endroit où j'étais la
veille ; je sais toujours ce que je ferai le
lendemain, puisque je ferai des vers ! —
Bohème, moi ! aucun de ces gens ne me
connaît. »

— Ces gens — il les nommait les Phlis-
tins. C'est dans un moment d'humouristique
impatience qu'il crayonna la pochade qu'on
va lire, et qui dépeint bien son caractère.

A UN PHILISTIN

C'est avec regret, cher monsieur, que je
me vois obligé de détruire une de vos illusions, mais l'auguste vérité commande.

Vous savez qu'il existe une race d'êtres mal
vus, mal famés, inutiles, dont l'unique but
est, sur la terre, d'assembler des rimes et de
dire toutes les jolies choses qui leur passent
par la tête. Ces êtres, on les appelle des
Poëtes lyriques.

Vous les tolériez, n'ayant pu inventer en-

core aucune poudre pour les détruire, mais,
somme toute, vous disiez : — Qu'est-ce que
ça me fait que ces drôles existent! Allez, les
amoureux de la lune, trainez vos guêtres
dans les sentiers perdus. Vous aurez les
étoiles et les nuits fraiches, moi, au coin du
feu, j'aurai ce que vous chantez : la belle
fille, le bon vin, l'indépendance. La misère
me vengera de vous.

Hélas! cher monsieur, les drôles, et j'en
veux gémir avec vous, ne sont point malheureux. Ils rient, ils ont la joie de vivre. Le lit
d'hôpital de Gilbert est une farce. S'ils ne
logent pas absolument dans des palais —
d'abord y a-t-il encore des palais? — ils ne
couchent à la belle étoile que par les claires
nuits de Juillet, quand le désir leur vient
d'errer dans le bois de Meudon, et de prendre
des leçons du rossignol. Ils ont un chez soi,
des meubles, des livres, et la supériorité du
bien-être que vous croyez avoir sur eux vous
échappe.

Ils sont bien vêtus :

> Reynier ayant sur les épaules
> Satin, velours et taffetas.

Vous avez assez longtemps essayé de les
humilier avec votre habit noir, et voilà qu'ils
agitent leur pourpre devant vous absolument

comme les toréadors devant le taureau.

Ce n'est pas tout. Ils sont jeunes, ils sont beaux, tandis que vous êtes vieux et laid. Ces mérites, comme bien vous pensez, ne passent point inaperçus. Vos femmes et vos filles ont des yeux qui leur servent à confronter votre obésité avec la sveltesse des poëtes lyriques. Ils parlent harmonieusement. De même que vos épouses veulent avoir des pendants d'oreilles quand elles passent devant le bijoutier, elles veulent aussi des sonnets, des odes pour célébrer leur beauté. Elles n'y comprennent pas grand chose; mais ça ne fait rien. Elles ont le plaisir de dire à leur voisine :

— C'est pour moi qu'on a fait ça !

Et je ne parle pas ici des femmes intelligentes, je parle de votre propre sang, monsieur, mais, si nous voulions, demain, vous réciteriez le monologue de Sganarelle.

Faites donc comme font les honnêtes gens autour de vous. N'aboyez plus après les poëtes qui se moquent de vous. Je vous assure que votre pitié dédaigneuse pour eux est sans rime ni raison. Enviez-les, ce que vous faites, d'ailleurs; ils sont bien portants, ils boivent de bon vin, et, comme ils ont souci des misérables, les misérables les aiment.

Dans leurs chansons, ils vous livrent à la
risée publique; quand vous passez, vous
croyez qu'ils vous prennent pour Agamem-
non, pas du tout, ils disent :

— Tiens! Cassandre.

C'est pourquoi, cher monsieur, je vous
prie de revenir envers eux à de meilleurs
sentiments et à ne plus vous apitoyer sur
leur sort. Ils n'ont aucunement besoin de
votre pitié dont ils se soucient autant que de
votre estime.

Agréez, monsieur et cher Philistin, l'assurance de ma profonde indifférence.

— On peut dire, avec raison, que Glatigny
s'est créé lui-même. Comme on l'a vu, il
avait consacré bien peu de temps à l'école,
mais il travaillait constamment à orner sa
mémoire, qui était prodigieuse; c'est ainsi
que dans l'espace de quelques mois il parvint
seul, au moyen d'une grammaire que lui avait
prêtée M. Canel, à apprendre assez de latin
pour son usage.

On a contesté ce fait bien souvent, et
pourtant rien n'est plus vrai. M. Canel, dont
j'ai invoqué le témoignage, m'a affirmé que,
en 1858, comme il se disposait à publier sa
magnifique traduction de *Catulle*, il avait été
convenu entre lui et Glatigny que ce dernier
s'essayerait sur quelques pièces non encore

traduites, et il n'y réussit pas trop mal. Il parlait, du reste, de cette œuvre comme s'il l'avait comparée au texte, et cela avec une certaine dose d'érudition.

Pendant les six semaines qu'il passa à Alençon, avant cette époque, il connut divers gens de lettres : Hippolyte Babou, Alexandre Weil, Émile Montégut (de la *Revue des deux Mondes*), et la conversation lui avivait l'esprit. Il lisait aussi beaucoup, et toutes sortes de livres, c'est comme çela que son éducation s'est faite.

J'ai parlé de sa mémoire; elle était, en effet, extraordinaire; je n'en veux citer qu'un exemple qui m'a été rapporté par M. Péricaud, l'éminent artiste, qui en fut le témoin.

Un jour, il disait à notre poëte : « Je voudrais bien connaitre le *Tragaldabas* de Vacquerie; cet ouvrage n'a jamais été imprimé que dans une revue littéraire, trèsdifficile, pour ne pas dire impossible à trouver maintenant, et tu devrais bien, puisque tu es lié avec son auteur, lui emprunter l'exemplaire de cette Revue, qu'il ne peut manquer d'avoir, et me le repasser quelques heures seulement. »

— Inutile, lui répondit celui-ci, Tragaldabas, je le sais, je vais te le réciter.

Et le voilà qui lui fait une peinture du décor

du premier acte, puis du second, jusqu'au
dernier enfin ; et lui récite les beaux vers de
M. Vacquerie d'un bout à l'autre, remplaçant
les rimes qui lui manquent par d'autres qu'il
invente ; jouant tous les personnages, riant,
pleurant, chantant, hurlant ; amoureux, pol-
tron, selon les rôles et les situations.

L'illusion n'était peut-être pas complète,
mais on pouvait parfaitement avoir, après
cela, une idée fort nette de l'ouvrage.

Là n'est pas le tour de force de Glatigny ;
il est en ceci : désireux d'avoir en sa possession l'œuvre puissante, inspirée par tant de
Philistins, comme il disait, il l'avait emprun-
tée au maître avec la ferme intention de la
copier. Mais quand il s'était vu en face d'une
main de papier blanc, quand il lui fallut
commencer d'écrire les premiers vers, la
plume lui était tombée des mains ; une idée
venait de lui traverser le cerveau : « Il me
faudra quatre jours en piochant beaucoup,
pensa-t-il, pour arriver au bout de ces cinq
actes... Idiot que je suis ! en quarante-huit
heures je puis les apprendre. De cette façon
je n'aurai pas l'occasion de les perdre. »

Ce qui fut dit, fut fait. Il se mit à l'œuvre,
et rapportait le surlendemain le livre à
M. Vacquerie, en le remerciant.

— Vous l'avez déjà copié, fit Vacquerie?

— Non, je l'ai appris, répondit simplement Glatigny, comme s'il avait fait la chose la plus commode du monde.

Et telle était la solide organisation de cette mémoire, que si, la veille du misérable jour où il est mort, on lui eut demandé de réciter ce morceau, il l'aurait fait certainement, bien que de nombreuses années aient passé dessus.

M. Péricaud, qui l'a connu à Bruxelles, lorsqu'il jouait au théâtre du Parc, m'affirme que les rôles les plus longs et les plus difficiles étaient sus par lui au bout de quelques heures d'étude. Malgré cela, il fut toujours un artiste médiocre, pour ne pas dire plus, et cela le mettait au désespoir qu'on ne voulut pas le prendre au sérieux comme comédien.

Après une représentation d'*Héloïse Paranquet*, dans laquelle il avait un rôle d'une certaine importance, où il avait remporté un succès d'estime, il se montrait tout fier et s'attribuait un mérite que certainement il était loin d'avoir.

Ses amis avaient beau lui dire : « Tu n'es pas construit pour le théâtre; fixe-toi à Paris une bonne fois, fais des vers et n'en dis plus. » Il entrait alors dans des colères bleues. On pouvait lui dire impunément :

« Tes vers sont mauvais. » — Cela lui était
indifférent; il ne se défendait même pas,
ayant l'assurance du contraire. Mais aussitôt
la corde du théâtre tendue, c'étaient des
récriminations à n'en plus finir.

Il commençait invariablement ainsi :

— Certainement, j'ai de mauvais bras, j'ai
de grandes jambes, je ne suis pas un merveilleux comédien ; cela n'empêche pas qu'à
Bruxelles, au théâtre du Parc, j'ai joué avec
Lafontaine, le vieux serviteur fidèle, dans le
Gentilhomme pauvre, et que Lafontaine m'a
dit après la représentation : Vraiment, Glatigny, vous m'avez étonné, je ne m'attendais
pas à cela de vous.

Malgré ces énergiques protestations, tous
ceux qui l'ont vu jouer sont d'accord sur ce
point, qu'il était un cabotin impossible, dé-
testable. M. Poulet Malassis me dit à ce sujet.

« J'ai parlé de lui dans un article où je
le raillais doucement, parce qu'il m'inspirait
de l'intérêt, à cause de ses dispositions poé-
tiques. Ses illusions sur son talent dramatique ont duré longtemps ; il les avait encore
à Bruxelles en 1866. Il voulait à toute force
que j'allasse le voir au théâtre du Parc pour
constater ses progrès, et, dans la réalité, il
était le même que dix ans auparavant, au-
dessous de tout. »

A part ce petit travers, c'était le meilleur garçon du monde, insouciant comme un papillon, candide à l'excès, ignorant le mal et planant sans cesse dans l'éther. Il n'a jamais su ce que c'était que de haïr ; en revanche, quand il aimait quelqu'un, c'était à la vie, à la mort. Nous en verrons des preuves plus tard.

Une de ses grandes admirations était André Gill, le puissant caricaturiste de *l'Éclipse*. Son laisser-aller, son sans-gêne, sa verve délurée lui donnaient des ébahissements.

— Comprend-on cet animal-là, dit-il, un matin, je lui amène Pierre Berton, qu'il n'a jamais vu, et son premier mot, après que je le lui ai présenté, est celui-ci : « Ah ! c'est vous, Pierre Berton ?.. Enchanté ! passez-moi mes bottes. »

Les deux grandes choses que Glatigny redoutait par dessus tout, étaient d'être sur l'impériale d'une diligence, ce qui lui donnait le vertige, et de traverser les boulevards de Paris. Il y voyait fort peu, et les précautions qu'il prenait pour éviter les voitures étaient inouïes. Il guettait l'instant où il pouvait sans crainte s'élancer au milieu de la cohue ; ses longues jambes se développaient, et, suivi de sa chienne *Cosette*, en trois bonds il atteignait le trottoir opposé.

Car je dois vous dire que Cosette était
chérie de son maitre comme jamais chienne
ne le fut. Elle ne le quittait jamais, et nous
verrons par la suite qu'elle partagea philosophiquement sa bonne et sa mauvaise fortune.

L'intelligence de cette petite bête était
remarquable : elle le comprenait, elle lisait
dans ses yeux. Aimante et douce comme lui,
elle était devenue la compagne inséparable
de ses périgrinations. Le spirituel Gill, qui
a fait une charge si saisissante du poète,
pour illustrer son *Jour de l'an d'un vagabond*,
n'a pas oublié de placer Cosette à côté du
prisonnier. Cela devait être : on ne comprend
pas plus Glatigny sans Cosette, que sans ses
longues jambes.

Il fit pour elle, dans *Gilles et Pasquins*, le
charmant sonnet que voici :

Cosette, le printemps nous appelle. Fuyons
La chambre longtemps close et les murailles sombres,
Allons dans la campagne où, dissipant les ombres,
Tombe la pluie ardente et folle des rayons.

Tristesses de l'hiver, allez-vous-en ! Rions,
Puisqu'Avril nous revient, et que dans les décombres
Fleurit la giroflée, et que toutes pénombres
S'ouvrent au clair soleil, père des papillons.

Je chercherai la rime aux buissons accrochée,
Et je découvrirai la Dryade penchée
Sur le miroir des eaux qu'éblouissent ses yeux.

Toi, cependant, Cosette, ô ma chienne, ô ma fille!
Dans les champs où la vie excessive fourmille,
Tu lanceras au ciel tes aboiements joyeux.

Cosette avait la manie de courir après toutes les voitures. Plus les voitures allaient vite, plus elle aboyait. Glatigny la rappelait alors, et, furieux, lui tenait des discours que la pauvre bête écoutait, pacifiquement assise sur son derrière, devant son maître arrêté.

— C'est donc bien beau cela courir après les voitures, disait-il, qu'est-ce que vous voulez que Monselet pense de vous? drôlesse! *empereuse!* rougissez..... comment voulez-vous que je vous mène dans le monde?

Cosette, après l'avoir respectueusement écouté, repartait aussitôt sur la première voiture qui se présentait, et Glatigny recommençait un nouveau sermon. Jamais il ne lui a donné une chiquenaude.

A Nice, Cosette devint mère de deux jumeaux. Grande joie dans le ménage! l'un des deux fut jeté à l'eau; quant à l'autre, Albert l'avait promis à un limonadier, à la seule condition qu'il l'appelerait Pie IX. Le fils de Cosette porta noblement ce nom, et le porte peut-être encore.

Il faut que je place ici un épisode comique de la vie de cette charmante petite bête. Un beau jour son maître apprit qu'elle faisait des dettes ; voici comment. En se rendant au théâtre — c'était à Bayonne — notre poëte entrait chaque jour chez un pâtissier, pour offrir à sa chienne une brioche d'un sou. Au bout d'un mois le hasard voulut que Glatigny changeat de direction, et par conséquent il ne fut plus question de brioches.

Mais Cosette, au lieu de suivre son maître dans la nouvelle route qu'il lui avait plu de prendre, revenait quotidiennement par l'ancien chemin, et n'oubliait jamais d'entrer chaque fois chez le pâtissier prélever sa ration habituelle. Glatigny, ayant eu vent de la chose, se présenta chez l'artiste en *feuilleté*, qui lui présenta une note s'élevant à 12 fr. 40 centimes, qu'il paya religieusement, se privant probablement lui-même du nécessaire pour satisfaire à un caprice de sa favorite (2).

Pour achever, en quelques traits, les côtés saillants de ce tempérament orignal, disons qu'il aspirait à pleins poumons cette vie d'aventures qui le grisait, et qu'il a renié en vain plus tard, alors que la maladie le forçait à garder la chambre. Nous trouvons, en effet, à chaque instant, dans ses ouvrages la preuve de cet amour immense qu'il avait voué au théâtre nomade, et à ses compagnons errants qui plantaient leur tente deci, de-là, où la fantaisie et quelquefois le besoin les poussait.

La *Halte de comédiens*, le *Roman comique*, et surtout sa dernière œuvre, *l'Illustre Brisacier*, ne laissent aucun doute à cet égard. Écoutez ce qu'il dit déjà, quand sa muse essaye à peine de bégayer.

> Vous dont les rêves sont les miens,
> Vers quelle terre plus clémente,
> Par la pluie et par la tourmente,
> Marchez-vous, doux bohémiens?

Il s'indigne quand il voit quelqu'un qui ne tombe pas en pamoison devant un volume de vers, et il s'écrie dans ses *Flèches d'or*.

> Malgré les vieux clichés des rêveurs poitrinaires
> Qui crachent leurs poumons au fond des grands journaux,
> Et content aux bourgeois, leurs lecteurs ordinaires,
> Que la Muse n'est plus, et que vents et tonnerres
> Ont fait un peu de cendre avec ses nobles os,

Ailleurs :

> Pleins de joie et d'orgueil, nous marchons, et la plaine
> Ondule sous le vent de nos belles chansons;
> Le rossignol écoute et retient son haleine,
> O mon maître! et toujours le fantôme d'Hélène,
> Radieux, nous conduit vers de clairs horizons.

Enfin, s'adressant à Ronsard :

> . . . .
> Je veux, rimeur aventureux,

Lire encor, Muse inviolée,
Quelque belle strophe étoilée
Au rhythme doux et savoureux.

Un fier sonnet, rubis, topaze,
Ciselé de même qu'un vase
De Benvenuto Cellini ;
Des chansons que l'amour énivre,
Des refrains qui nous fassent vivre
Bien loin, bien loin, dans l'infini !

Des vers où l'extase déborde,
Des vers où le caprice torde
Comme il veut les mètres divers ;
Des vers où le poëte oublie
Tout, hormis la sainte folie :
Des vers, enfin, qui soient des vers !

Albert Glatigny est là tout entier. Nous verrons bientôt qu'il ne s'est jamais départi de ses doctrines.

C'est à peu près vers ce temps que parurent les *Flèches d'or*.

V

Continuellement errant pendant la mauvaise saison, Glatigny venait pourtant assez régulièrement passer l'été à Paris, où il remplissait quelques emplois dans divers théâtres, et faisait à temps perdu des improvisations. On sait, notamment, que c'est lui dont la longue silhouette passait sur le pont, aux Bouffes, dans les *Deux aveugles*, et donnait ce sou, objet d'une dispute acharnée. Au Théâtre-Lyrique, il a joué, moyennant deux francs par soirée le sénateur qui dit un vers et demi dans l'*Othello* de De Vigny. C'est à l'Alcazar qu'il débuta comme improvisateur, et s'y fit rapidement une brillante renommée.

André Gill lui ayant demandé sur ces entrefaites de le *pourtraicturer*, il répondit par ce quatrain, qui parut dans la *Lune*, au-dessous de sa charge :

Quoi! mon consentement, je le signe de l'une
Et l'autre main. Ma place est, d'ailleurs, dans *la Lune;*
Car, fuyant du pavé la boue et les clameurs,
C'est chez elle que vont se loger les rimeurs,

Il vint habiter Bruxelles quelques temps après ; il s'était engagé dans la troupe de Tournay, dont le directeur se mit en faillite. De nouveau sur le pavé, il fit des vers, et publia quelques plaquettes grivoises qui eurent un grand succès, mais qu'il serait imprudent de laisser aux mains des jeunes personnes. C'est ainsi que virent le jour les *Joyeusetés galantes et autres*, petit livre plein d'humour et de verve. Il fit également, en collaboration avec M. Poulet Malassis, les préfaces d'un recueil fort curieux, et devenu bien rare aujourd'hui, intitulé : *Le théâtre de la rue de la Santé*, qui contenait des pièces de comédie par Jean du Boys, Tisserant, Lemercier de Neuville, Henry Monnier, Nadar, Charles Bataille.

Glatigny y fit insérer son *Scapin*, dont l'avertissement commence ainsi :

« L'auteur de ce drame vint, à pied, de Versailles à Batignolles, pour en remettre le manuscrit au secrétaire du théâtre. — Lorsque M. Glatigny déboucha dans le jardin, un héron, qui depuis deux jours faisait l'ornement de la ménagerie, saisi d'un sentiment exaspéré de jalousie à l'aspect des jambes du poëte des *Antres malsains*, s'envola pour ne plus revenir. »

Il collabora également à la publication du *Nouveau Parnasse satyrique.*

— A cette époque de son existence Glatigny manquait totalement de convictions politiques, et ne comprenait même pas qu'on put avoir une opinion à soi. Plus tard, lié avec Vacquerie et les gens de l'entourage de Victor Hugo, il devint profondément républicain et l'est resté sincèrement jusqu'à sa mort.

C'est à ce sujet que pour plaisanter M. Poulet Malassis sur ses opinions bien tranchées en politique, il lui décochait de temps à autre quelques mordantes épigrammes dont j'ai pu me procurer cet échantillon :

> Quand de sa voix aigre, l'Augure
> Disait, au premier des Césars
> De craindre les Ides de Mars,
> Il voyait, je me le figure,
> Dans un avenir très-précis,
> La naissance de Malassis.

Ce à quoi ce dernier répondait subrepticement : « Je suis né, il est vrai, le 16 mars, mais Jules César a été certainement trop bien exécuté pour que j'aie à y revenir. »

—— Après son succès d'improvisateur à Paris, Glatigny, mandé à Marseille, par le directeur du Casino, qui lui offrait une excellente rémunération, s'y rendit, improvisa, fit naturellement *florès;* car ses improvisations étaient vraiment adorables et amusantes en même temps. Il *pondait* les vers.

Un jour qu'il demandait une rime féminine, un gandin qui n'avait pas bu que de la gomme, lui envoie *Perde*. — On sait qu'il n'y a qu'une rime à ce mot, et qu'elle est malsonnante même dans la bouche de Cambronne.

Glatigny, indigné, s'avance au bord de la scène et dit au gandin, heureux du petit effet qu'il avait produit : « Monsieur si vous voulez m'envoyer la rime correspondante par mademoiselle votre sœur, je suis prêt à accepter celle que vous avez eu l'inconvenance de me jeter. » Le *gommeux*, honteux et confus, s'esquiva aussitôt au milieu des huées de la foule.

Une autre fois, il demanda encore une rime. Un monsieur lui envoya *Parole*.

— Une rime à parole ? demande Albert ? ¡

Un individu, que son acte seul qualifiera, riposte aussitôt par un mot dont la consonnance est fort opulente, mais non moins déshonnête. Un hourrah part de la salle entière. Glatigny, s'adressant alors au quidam, lui dit : « Quand on a de ces choses-là, on les garde pour soi! »

Pour le bouquet de cette soirée, voici une dernière anecdote qui ne manque pas d'originalité :

L'improvisateur demandait encore une

rime féminine. Comme personne ne répondait et que celui-ci insistait à plusieurs reprises, on vit tout à coup un bon Marseillais se lever gravement de sa chaise et s'écrier d'une voix retentissante :

— Je pars demain !

Vous jugez de l'effet produit...

— C'est M. Péricaud qui a fait représenter pour la première fois, à Marseille, sa jolie pièce *Le Bois*, qui fut reçue, l'année suivante, à l'Odéon. Il remplissait le rôle du satyre Mnazile.

Le soir de la première, Glatigny était dans la salle, applaudissant à tout rompre les beaux vers de cette délicieuse fantaisie. Bertin, un de ses amis, qui se trouvait à côté de lui, lui dit : « N'applaudis donc pas ainsi, tu te fais remarquer »

— Tiens ! s'écrie Albert, je suis spectateur, je vois une jolie pièce, bien jouée, je l'applaudis. »

Et il recommençait à donner le signal des applaudissements.

Il fit encore, l'année suivante, une courte apparition en Belgique, à propos de son duel avec Albert Wolf. Ce duel eut lieu pour quelques paroles malsonnantes dites par ce dernier à l'adresse de Théodore de Banville, pour lequel, comme on l'a déjà vu, notre poëte éprouvait la plus tendre sympathie. Il poussait même à l'excès, parfois, la délicatesse des procédés à son égard. Ainsi, lorsqu'il revenait à Paris, ce qu'il redoutait par dessus tout était de désespérer son ami.

— Banville perd ses cheveux, disait-il, il ne pourra jamais me pardonner d'avoir gardé intacte mon opulente chevelure!..

Pour en revenir à son duel, il disait à qui voulait l'entendre :

— Je suis l'être maudit de la terre! Je n'ai de chance en rien. En prévision de mon duel avec Wolf, moi qui n'y vois pas et n'ai jamais touché une épée, je vais chez Gâtechair et lui demande un moyen de me faire embrocher le plus tard possible.

Gâtechair essaye de me mettre en garde. Le malheureux professeur, dans l'art d'assassiner légalement, sue sang et eau; et enfin, au bout de deux jours de travail sur mon long individu, il me dit : « Jamais, au grand jamais, on a été maladroit comme vous l'êtes. Vous êtes presque de la faiblesse de Rochefort. Ne vous battez pas, où vous êtes un homme mort! »

Mais il fallait me battre. Je repioche, je retravaille, je me refends, nous partons en Belgique, et, vlan!... nous nous battons au pistolet. Je n'ai jamais réussi en rien!

— Plusieurs mois après, il vint à Clermont-Ferrand, où se trouvait installé un jeune et charmant artiste caricaturiste, de ses amis, nommé Malfait, mais qui se faisait appeler Collodion, sans doute pour mieux faire comprendre au public avec quelle instantanéité il prenait la ressemblance d'un portrait et avec quelle promptitude il le reproduisait.

Jamais je n'ai vu une plus belle tête d'artiste que celle de ce pauvre garçon. Et cependant, malgré la netteté des lignes, malgré la pureté du galbe, une sorte de mélancolie soucieuse semblait répandue sur ce masque admirable.

Lorsque plus tard il périt, noyé misérablement dans l'horrible catastrophe de la *Ville-du-Havre*, mon bon ami De Jacob de La Cottière m'écrivait ceci :

« Je comprends maintenant cet air mélancolique du malheureux Victor : c'était la Fatalité qui l'avait marqué au front!.. »

Victor Collodion avait créé dans cette ville un petit journal littéraire illustré qui avait beaucoup de vogue. Il demanda à Glatigny une pièce de vers pour sa feuille; celui-ci crayonna instantanément ce qui suit, sur le coin de la table du café où nous nous trouvions ensemble en ce moment.

Puisque nous vivons dans un temps
De gandins aux cols éclatants, .
Que l'on voit filer par les rues
Comme aux approches de l'hiver,
Dans les calmes hauteurs de l'air,
Les bataillons serrés des grues.

Puisque l'art qui nous embrasa
S'appelle aujourd'hui Thérésa,
Et que la Muse de l'Attique,
Fuyant le sol sacré d'Hellas,
Chez les marchands de bière, hélas!
Est demoiselle de boutique;

Soyons sans honte et sans pudeur!
Donnons au siècle avec ardeur
Ce que son appétit réclame;
Chercheurs d'idéal décavés,
Montrons lui des corps soulevés
Par les gibbosités de l'âme!

Montre à nos rigides aïeux
Leur postérité de mayeux,
Ivre, vieillote et chancelante.
Gandins et filles et boursiers!
Montre-nous les suppliciés
Dans une charge violente.

Fais-les bien laids, bien sensuels,
Bellâtres, musqués et cruels,
Reniant leur défroque ancienne :
Peut-être alors de ton crayon
Jaillira sur eux un rayon
De la gaieté rabelaisienne.

Je venais de publier un volume de poésies, intitulé *Roses et Chardons*, et je m'étais
empressé d'en offrir un exemplaire à Glatigny, qui se mit immédiatement à le lire d'un
bout à l'autre.

Le même soir, en arrivant au salon de la

Société lyrique où il devait donner une séance d'improvisation et de déclamation poétique, je sentis, en passant près de lui, qu'il me glissait un papier dans la main. Je l'ouvris, je lus le sonnet qu'il venait d'écrire au crayon, en quelques secondes, sur son bureau, avant de commencer la séance.

Ami, cueillons toujours le laurier verdissant.
Que les cœurs pleins d'amour résonnent de louanges ;
Si le vol des corbeaux nous effleure en passant,
Ne regardons que l'aile éclatante des anges.

La plus sinistre nue aura toujours des franges
Qui laisseront filtrer le soleil bienfaisant.
La terre où nous marchons est couverte de fanges !
Levons les yeux au ciel, il est resplendissant !

Chantons pour les méchants, pour les sots, pour les traîtres,
Pour tous les malheureux qui bouchent les fenêtres
Par où l'âme s'en va d'un vol irréfléchi.

Jusques aux purs sommets de l'idéal. Sans doute
Plus d'un nous bafouera, mais au bout de la route
Nous aurons cet orgueil de n'avoir pas fléchi

— Je me souviendrai toujours de l'aspect que présentait le pauvre garçon quand il débarqua du chemin de fer. Son long torse était serré dans un mauvais paletot. — celui, probablement, qui faisait dire un jour à Monselet, aussi piétrement accoutré que lui :

Nos habits laissent voir les cordes de nos lyres !

Ses interminables jambes se morfondaient dans un pantalon beaucoup trop étroit, et ses pieds démesurés, chaussés de vieux sabots, battaient le pavé en cadence. Quant à son chef, il était majestueusement recouvert d'une casquette percée en plusieurs endroits.

— Ah! mon ami, fit-il en m'abordant, on dit partout que j'ai gagné des millions en improvisant, et vous voyez dans quel état je suis! les crétins...

Il devait donner une séance le soir-même; il n'y avait pas de temps à perdre pour lui créer une garde-robe. Nous nous mîmes à cinq pour le vêtir; et avec l'habit de l'un, la culotte de l'autre, le gilet d'un troisième, des souliers, un chapeau, des gants — il y avait même des gants!.. et une cravate, je crois —, pris un peu partout, nous parvînmes à le rendre à peu près présentable.

Hélas! cette soirée, sur laquelle il comptait beaucoup pour garnir un peu sa bourse depuis longtemps à sec, fut une déception de plus pour le pauvre Bohème. Les trois quarts des siéges étaient vides!

Il en prit néanmoins philosophiquement son parti, et commença ses étonnants exercices avec la conscience qu'il aurait apportée devant une salle bondée. Il lut, avec un sentiment exquis, deux morceaux charmants des *Exilés*, de Théodore de Banville : *Les torts du cygne*, et *Le pantin de la petite Jeanne*. Deux perles!

Parmi les innombrables improvisations qu'il fit ce soir-là, j'ai retenu la suivante, qui montre bien comment, avec des bouts-rimés impossibles et bizarrement accouplés, le génie du poëte savait faire quelque chose d'attachant, plein de sens, et d'une harmonie parfaite.

A d'autres de trouver charmantes les *banquises*
Et d'y faire sombrer navires et *bateaux;*
Parlez-moi de Hombourg, de Bade, des *marquises,*
Et des croupiers saxons brandissant leurs *rateaux.*
Dût-on dire que, loin d'avancer, je *recule,*
Ce spectacle me plaît : Auri sacra *fames;*
Ta tunique, Nessus, vient de quitter *Hercule,*
Elle va me brûler si je n'invoque *Hermès!*
Mais, assez divaguer! ma Muse a la *chlorose,*
Et je me vois forcé d'attendre les *moissons*
Pour lui rendre ce teint carminé, frais et *rose,*
Que, seule, a l'églantine au milieu des *buissons.*

Il est évident que cela ne vaut pas une pièce des *Flèches d'or*, mais quand on voit opérer devant soi le poëte, quand on songe avec quelle rapidité il exécute ces tours de force inouïs, il reste dans l'esprit du specta-teur un sentiment qui domine tous les autres : l'admiration.

Le lendemain, Glatigny devait partir pour aller je ne sais où. Il m'avait prié de venir lui serrer la main à la gare ; il prendrait le train de huit heures du matin. Je n'eus garde de manquer au rendez-vous, mais j'eus beau m'écarquiller les yeux, je n'aperçus nulle part sa maigre et diaphane personne.

Le train parti, je me dirigeai mélancoliquement vers l'hôtel où il avait dû loger, et, à mon grand étonnement, je le trouvai encore couché, feuilletant quelques bouquins neufs et fraîchement coupés. Comme je lui manifestais ma surprise de le trouver au lit, il me fit ce discours incroyable :

— Je voulais, je devais partir, c'est vrai ; et il me restait, tous frais payés, juste assez d'argent sur ma soirée d'hier pour prendre un billet de troisièmes. Mais, mon ami, j'eus le malheur de passer, à la nuit tombante, devant la boutique d'un libraire, où j'entrai sans bien me rendre compte de cette action. Je pris quelques livres dont le titre m'avait alléché, et, le croiriez-vous, lorsque je voulus songer à payer ma place, je me trouvai sans le sou! Vous voyez bien qu'il n'y a pas de ma faute ; pourquoi diable ce libraire est-il venu se placer sur mon passage tout exprès !.. En vérité, je n'ai pas de chance !

Il va sans dire que le surlendemain il put partir, grâce à la précaution que quelques amis avaient prise de lui fournir un ticket.

De retour à Paris, il fut chargé de faire, pour le théâtre des Délassements comiques, un prologue d'ouverture qui contenait cette ronde pimpante :

Madame Saqui! c'est elle,
        L'immortelle,
Qui, rivale des oiseaux,
Traversait tout éperdue
        L'étendue,
Libre de nos lourds réseaux.

Ce fut cette souveraine,
        La marraine
Qui donna son nom aimé
A ces planches indécises,
        Mal assises,
Théâtre en un soir germé !

O souvenirs chers à l'âme,
        Traits de flamme,
Que je vois briller encor !
Ainsi qu'au théâtre illustre,
        Sous mon lustre
Je garde mon livre d'or !

C'est Taigny qui fit jolie
        La Thalie,
Venue en ces lieux nouveaux,
Et voulut que je taillasse
        A Paillasse
Un habit dans Marivaux.

Le souvenir me dessine
        Alphonsine
Chantant des couplets en l'air,
Sur ces tréteaux où s'amuse
        Une Muse
Chère au drame : Jane Essler !

Et combien d'autres encore
        Que décore
Un nom qu'on cite à présent,
Dans mes coulisses aimées,
        Enfumées,
Sont venus en commençant !

VI

Nous voici au mois de janvier 1868. Glatigny faisait les premières étapes de ce grand
voyage qui devait le conduire en Corse, où
l'attendaient les incroyables tribulations qu'il
a racontées avec tant d'humour et de brio,
dans un petit livre intitulé : *Le jour de l'an
d'un vagabond.*

Nous avions causé, entre temps, d'une
entreprise que nous devions faire à nous
deux dans le plus profond mystère : il s'a-
gissait de créer un journal littéraire. Les
fonds baissaient de plus en plus ; les directeurs faisaient faillite à qui mieux mieux ;
les éditeurs se faisaient tirer l'oreille d'une
façon indigne pour prêter leurs presses ; enfin
on espérait faire quelque argent, tout en donnant en pâture au public de la littérature de
bon aloi.

Ce fut M. Girin-Berthier, imprimeur à
Tarare (Rhône), qui se chargea de la culture
de cette feuille, qui vécut l'espace de onze
numéros, et qui tomba sous les coups du Par-
quet, pour des motifs qu'il n'est que trop

facile de comprendre, étant donné le régime impérial à outrance.

Le journal s'appelait le Falot cosmopolite, et portait en sous-titre ces mots : Organe hygiénique, de sûreté, indispensable en ménage. Il faut que je dise ici que, lorsque je m'adressai à la préfecture du Rhône pour obtenir l'autorisation et que je présentai Glatigny comme gérant responsable, on me fit cette réponse hilarante :

« Glatigny !.. nom inconnu. C'est probablement un pseudonyme. »

Il fallut que Glatigny écrivit lui-même au préfet pour établir son identité, en envoyant les pièces authentiques à l'appui ! Les préfets impériaux, il est vrai, n'étaient pas tous lettrés, le biceps leur tenait lieu de tout.

— Arrivé depuis quelques jours à Bayonne, il m'envoyait une pièce de vers intitulée : Le Fouet, pour être insérée dans le premier numéro. — Il faut qu'on sache que le journal devait, dans le principe, s'appeler Le Fouet ; mais j'appris bientôt qu'une autre feuille de ce nom venait de paraître à Paris, sous la direction de M. Amédée Blondeau. Force nous fut de changer le titre. — Voici les vers en question :

Claque joyeusement, claque, bon fouet sonore,
    Arme de la satire, ô toi

Que la Muse indignée et terrible s'honore
　　Parfois de tenir pour l'effroi
Des fauves enfermés dans la ménagerie
　　Dont Balzac fut l'âpre dompteur;
Claque dans l'air avec ivresse, avec furie,
　　Claque sur le dos du sauteur,
Sur le dos du petit-crevé montrant la fesse
　　Au bas de son vêtement court,
Sur le lâche repu qui dort et qui s'affaisse
　　Sous le poids d'un labeur trop lourd!

Quand le désir ardent des grandes représailles
　　Vint mordre nos aïeux au cœur,
Ils te prirent, ô fouet généreux qui tressailles!
　　Alors ton sifflement vainqueur
Eut l'accent magistral et grave du tonnerre,
　　Fouet que longtemps on dédaigna!
Le grand seigneur de proie, au plus haut de son aire,
　　Eut peur; Tartufe se signa.
L'épée au fin tranchant, sœur du blason illustre,
　　Faite pour boire un noble sang,
Vit qu'il fallait compter avec l'arme du rustre,
　　Avec le fouet du paysan.
Car il pouvait laisser une tache infâmante
　　Sur les épaules qu'il marquait,
Car tous sentaient ses coups au fort de la tourmente :
　　Le tyran et le paltoquet!

Fouet de nos bons aïeux, claque encor et résonne,
　　Nous te ramassons, notre main
Est forte, et nous voulons ne ménager personne,
　　De ceux qui sur notre chemin
Exciteront la soif de ta souple lanière!
　　Sois hardi, nous les atteindrons
Dans l'ombre, au grand soleil, jusqu'au fond de l'ornière
　　Où les plus vils cachent leurs fronts.

Mais pas tant de colère, ô fouet, car la satire
　　Doit être calme aussi, la voix
Qui lui convient après les grands cris, c'est le rire,
　　Le rire que l'écho des bois
Porte joyeux et franc, et libre, dans les villes.
　　Il ne se faut point emporter

Contre le tas piteux des pauvretés serviles
    Qui pleurent sans oser lutter.
Si le fouet est utile et sert pour ces molosses
    Formidables, armés de crocs,

Qui poussent dans les airs des aboiements féroces,
    Pour les grands, les forts et les gros,
Il est des petits chiens hargneux qu'un simple geste
    Fait vite rentrer au chenil.
Ceux-là sont notre lot : ils n'ont rien de funeste,
    Mais cependant, ô fouet viril !
S'il le faut, nous saurons te prendre à la muraille
    Où tu pends, lourd, armé de clous ;
Et nous verrons après, bon fouet, si l'on te raille,
    Lorsque l'on sentira tes coups !

— Cette pièce était renfermée dans une note ainsi conçue :

« Ma lettre sera courte, mon cher ami, parce que l'onglée, maîtresse absolue d'une chambre sans feu, m'empêche de vous dire mille choses. Envoyez-moi le journal, aussitôt paru, afin que je voie quel genre d'articles il vous faut. Merci de votre souvenir. Je suis triste et ennuyé, pauvre comme le papier Job, et depuis dix jours sans tabac. — La plume me tombe. — A bientôt !

« Bayonne, 24 Janvier, 7, rue du Gouvernement. »

A partir de cette époque, sa vie devient un long martyre, qui ne devra cesser que lorsque son cœur généreux aura fini de battre.

— « Pau, 17 Avril, 9, rue Saint-Louis-de-Gonzague.

« Je quitte Mont-de-Marsan avec la troupe dont je fais partie. Votre lettre m'a attendu deux jours chez le portier du théâtre, qui obtiendra le grand prix de négligence au prochain concours.

« Après demain je vous enverrai un petit paquet de *copie*. Nous sommes pour un mois ou deux à Pau. »

— « Paillole, par Campau (Hautes-Pyrénées), 12 Juillet.

« Voici le commencement d'un poëme que je termine, et dont vous aurez la fin avant huit jours. Comme j'y tiens beaucoup, voyez si on ne pourrait pas garder la *composition* pour en faire un petit volume.

« Je vais être obligé de reprendre un engagement dans une troupe qui reste un jour ou deux dans chaque ville, à moins qu'un secours inespéré me permette d'aller à Baréges, où je donnerais des séances. »

— Le poëme dont il parle, imité de Villon, a paru seulement dans *le Falot*, et n'a pas été réimprimé depuis. Je le donne ici, pour montrer combien était tenace, chez notre poëte, cette idée qui fut toute sa vie. — La préface était dédiée à Charles Monselet.

LE TESTAMENT DE L'ILLUSTRE BRIZACIER

Pourquoi ai-je choisi, « parmi tant de héros », l'illustre Brizacier, cet Achille d'un nouveau roman comique, entrevu par la poétique rêverie de Gérard de Nerval? Il est inutile de le dire. Tu connais depuis longtemps ma sympathie et mon amour pour ces personnages aventureux, moitié réels, moitié chimériques. Je les ai suivis toujours sur les grands chemins, les épiant, tâchant de me mêler à eux. Si je n'ai pu approcher ces doux héros, je me suis transporté dans les pays où la fantaisie des poëtes les fait passer. Au Mans, j'ai évoqué la blanche apparition de mademoiselle de l'Étoile; j'ai suivi pieusement l'itinéraire du baron de Sigognac, de Mont-de-Marsan à Paris; je suis resté en extase devant une grange abandonnée où les comédiens d'autrefois avaient peut-être joué le *Venceslas* de Rotrou, ou la farce du *Médecin-volant*.

« J'étais noble et puissant, n'est-ce pas, sous le casque doré aux crins de pourpre, sous la cuirasse étincelante, et drapé d'un manteau d'azur! » Oh! pauvre Brizacier! ce manteau d'azur et cette cuirasse étincelante,

tu ne les as portés que dans tes rêves. Tu
as joué *l'Honneur et l'Argent*, tu as joué *les
Noces de Merluchet*, et voilà tout. Quelquefois, lorsque tu arrivais premier à la répé-
tition du matin, seul, entre les *portants* où
frissonnait l'horreur de la toile peinte, tu
t'imaginais la salle obscure soudainement
illuminée, et, dans les loges, les amusants
gentils hommes campagnards aux habits
chamarrés. Alors, tu étais pour un instant
le Don Lope, du *Feint astrologue*, ou le
jeune Andronic, jusqu'au moment où le
brutal éclat de rire de tes camarades venait
te rappeler à la réalité de *la Valse de Giselle*
et de *la Robe et les Bottes!*

Ce comédien dont l'histoire n'a pas été
écrite, je l'aime entre tous; c'est pourquoi
je lui ai emprunté son nom pour le mettre à
la première page de ce livre. Quant à la
forme de ce poëme, j'ai trouvé tout préparé
l'admirable moule de Villon et m'en suis
servi. Je ne sais pourquoi on a laissé oublier
ce rhythme sonore et musical. Ces huitains
où la rime revenant quatre fois carillonne si
bien à l'oreille, et ces ballades aux tours si
charmants. Un pareil cadre est on ne peut
mieux propre à contenir les chimères épar-
pillées, s'échappant à droite et à gauche. La
précision de la forme est indispensable dans

un recueil forcément diffus, qui est tout ce qu'on veut, un poëme ou une suite de songes dont on se souvient et que l'on cherche à fixer.

Accepte ce petit livre, mon bon Charles ; sa sincérité te séduira, et quant au reste, je sais que tu trouves encore du plaisir en l'agencement d'une strophe, et que les poëtes obscurs sont tes amis.

I

Comme ceci peut advenir
Que demain, la paupière close,
Tout roide, on me fasse tenir
Dans le cercueil froid et morose,
Je me recueille et je dispose
Mon testament qu'on ouvrira
Le beau jour où ce quelque chose
Que j'appelle moi, pourrira.

II

Pensons tout d'abord à mon âme.
Pourquoi? Je m'inquiète peu
De connaître qui la réclame,
Lorsque j'aurai fini le jeu
De respirer sous le ciel bleu.
Que le diable d'enfer m'emporte,
Je n'y crois guère plus qu'à Dieu,
S'il existe ou non, peu m'importe!

III

Revivrai-je? — Je ne crois pas.
Lorsque vous êtes mort, vous l'êtes.
Je doute qu'après mon trépas,
Avec mes voisins les squelettes,

Je fasse encore des emplettes
De papier blanc et de journaux,
Cependant que les violettes
Prendront racine dans mes os.

IV

Donc, je désire qu'on m'enterre
Sans prêtres chantant du latin,
Sans cloches et sans psaume austère,
Se lamentant sur mon destin.
Mais que l'on m'enterre un matin
De soleil, pour que nul n'essuie,
Suivant mon cortége incertain,
De vent, de bourrasque ou de pluie !

V

Car n'ayant jamais fait de mal
A quiconque ici, je désire,
Quand mon cadavre sépulcral
Aura la pâleur de la cire,
Ne pas, en m'en allant, occire
Des suites d'un rhume fâcheux
Quelque pauvre dévoué sire
Qui suivra mon corps de faucheux !

VI

Il faut bien qu'un ami me reste,
Quand je serai je ne sais où,
Faisant mon éternelle sieste,
Pour dire : J'ai connu ce fou,
Dont la cervelle avait un trou,
Lucarne à tous les vents ouverte,
Et qui n'eut jamais plus le sou
Qu'un oiseau dans la forêt verte.

VII

Qui mènera le deuil ? — Margot,
L'amante des jeunes années,
Experte à manier l'argot,
Avec des phrases surannées,

Par feu Dorat enrubannées,
Ou Léontine, ou Rosita?
Laquelle de ces haquenées
Que jadis mon désir monta?

VIII

Ah! peut-être déjà sont-elles
Dans le cimetière où je vais,
Ces amoureuses de dentelles
Aux genoux de qui je rêvais,
Ces compagnes des jours mauvais,
Insoucieuses et charmantes,
Légères comme des duvets,
Pour qui les brises sont tourmentes!

IX

Peut-être elles m'ont précédé
Dans le sommeil lourd et sans trêve
Où l'on est sûr d'être gardé
A jamais de tout mauvais rêve!
Peut-être leur chanson s'achève
En quelque hoquet douloureux,
Leurs beaux yeux aux éclairs de glaive
Sont déjà deux trous noirs et creux.

X

Je vieillis, la chose est certaine,
J'entends tinter, lugubre glas!
Les coups pesants de la trentaine.
Comme en hiver sur le verglas
Je glisse sur la pente, hélas!
De l'abîme béant et sombre,
Et vais bientôt, sans être las,
M'étendre sur le lit de l'ombre.

XI

Dans mes veines s'éteint le feu
Joyeux de l'ardente jeunesse.
Adieu soleil, gaîté adieu!
A quoi servent ruse, finesse?

Il faut que je le reconnaisse,
De l'âge j'ai subi l'affront;
Pelé comme une vieille ânesse,
Vers le sol je courbe le front!

XII

Il est passé le temps des jeûnes
Que nous supportions si gaîment,
Alors que lestes, frais et jeunes,
La vie est un enchantement.
L'estomac devient alarmant,
Il gémit, il grogne, il tiraille,
Il est vainqueur présentement;
Bafoué, jadis, il nous raille,

XIII

J'évoque les jours envolés
Jours de clair soleil et d'orage
Où tous contrastes sont mêlés :
Heur, malheur, bon port et naufrage,
Oh! les beaux châteaux que la rage
De la tempête à mis à bas!
Le cœur fault et se décourage
Au penser de tant de combats.

XIV

Enfant, j'aimais la libre vie
De ceux-là qui s'en vont joyeux,
Après la chimère suivie,
Sous la tente vaste des cieux.
J'aimais ces doux insoucieux
Qui, devant les palais de toile,
Récitent des vers précieux :
Fracasse, Destin et l'*Etoile.*

XV

Et comme le bon *Ragotin,*
Appelant l'espoir à mon aide,
J'écoutai la voix du lutin
Invisible qui nous obsède.

Les drames de la Calprenède
Tourbillonnaient dans mon cerveau ;
Etroit comme la corde raide,
Je suivis le chemin nouveau.

XVI

O déconvenue éclatante !
O rêves ! quoi ! c'était cela
Cette vision miroitante
De fard, de blanc, de falbala,
D'acteurs en habits de gala ?
Aujourd'hui, contristé, malade,
Au tréteau qui m'ensorcela,
Je viens léguer cette Ballade :

BALLADE

De l'illustre Théâtre

Voici les gais aventuriers
A qui la pourpre est familière.
O fronts couronnés de lauriers,
De pampres, de festons de lierre,
Salut, compagnons de Molière
Buvant aux sources de cristal !
Mais quel oiseau dans la volière ?
— J'ai vu Sosthène Ducantal !

O doux héros injuriés,
Quelle fortune singulière
Fait de vous des gens mariés
A quelque tâche journalière ?
Jadis, la lyre en bandoulière
Vous marchiez vers le ciel natal,
Suivant l'étoile hospitalière.
— J'ai vu Sosthène Ducantal !

C'est vous, lutteurs ! c'est vous, guerriers
L'art n'est plus qu'un auxiliaire
Des accessoires variés !
Çà ! quelle est cette fourmilière
De nains mettant la muselière
Au chant joyeux, libre et brutal !

Bohème au ton nobiliaire?
— J'ai vu Sosthène Ducantal!

ENVOI

Muse autrefois irrégulière,
A l'embonpoint oriental,
Dans ta maigreur point de salière,
— J'ai vu Sosthène Ducantal!

XVII

Et cependant je l'aime encore
Ce métier de libre-penseur;
Par les bois qu'éveille l'aurore!
Cassandre, Scapin, empereur,
Sur mon corps de saule pleureur
J'aime ces oripeaux fantasques,
Et je m'enivre avec fureur
En la société des masques!

                    « Paillole, 15 Août.

« Après les Eaux-Bonnes, où j'ai réussi à gagner vingt-cinq francs, je suis allé à Luchon où j'ai trouvé votre lettre. Merci. J'écris à l'imprimeur. Demain vous recevrez la suite du poëme. Ne m'en veuillez pas de ce retard, la poste met trois jours pour venir à Paillole, et quelquefois quatre, ce qui fait un intervalle de six à sept jours entre une lettre et sa réponse.

« Je vous l'ai dit, je suis dans un désert où on ne peut rien avoir. Cette semaine, je suis resté deux jours sans tabac, pour avoir oublié d'en faire une provision suffisante. La montagne était inondée et j'étais en prison dans ma chambre. Aujourd'hui, c'est une autre chanson : je suis retenu au lit par uné rysipèle qui m'aveugle à moitié. Aussitôt que je serai mieux, demain j'espère, je vous enverrai la fin du poëme.

« Envoyez le journal à mon père, dont voici l'adresse : M. Glatigny, garde, à Beaumesnil (Eure). — Je m'arrête pour aujourd'hui, parce que je n'y vois plus et que je souffre à crier. »

— Je ne reçus jamais la fin tant promise de ce poëme, et je crois être à peu près certain qu'il ne fut jamais entièrement terminé, D'ailleurs, d'insuccès en insuccès, le pauvre garçon en était arrivé à un découragement complet. Il me disait :

« Nouvelle anicroche ; depuis huit jours je couche dans les chemins de fer et les omnibus. Enfin, je fais arrêt pour cinq jours aux Eaux-Bonnes — maison Victor Cazaux —, si vous avez quelque chose à me faire savoir, dites-le moi tout de suite, sans quoi votre lettre m'arriverait je ne sais où, ni quand.

« Si vous pouvez me caser à Tarare, à la tête du journal, je m'y collerai volontiers. Je cours à droite et à gauche, arracher mon pain aux casinos des Pyrénées qui ne m'en donnent pas lourd. »

Hélas! cette piètre ressource elle-même lui fit défaut. Le journal ne faisait pas ses frais, et j'avais tenu cette circonstance complétement secrète pour ne pas l'attrister davantage.

— Une autre lettre m'arriva de Nice, peu après; il faisait toujours des projets superbes, et dans quelles conditions!....

« Je suis interné à Nice, hôtel des Dames, ne sachant comment en sortir, le chemin de fer coûtant des argents fous. Je pense aller prochainement à Lyon, donner des séances; si je réussis, je viendrai à Paris par le Bourbonnais, et je m'arrêterai un jour ou deux chez vous.

« Je croyais avoir pour l'hiver prochain une petite affaire en Corse, qui serait devenue sérieuse et durable; va te promener! toutes les planches de salut sur lesquelles je mets le pied se cassent avec une joie trop prolongée. La misère fait concurrence à la gale, comme ténacité. Quel onguent pourrait bien l'enlever?

« Nice est sinistre. Plus personne dans cette grande bête de ville pleine de poussière, que ma petite chienne. La mélancolique créature me suit d'un air effaré, et me tient compagnie de son mieux. Je ne puis même pas la laisser courir, car une charrette se promène toute la journée, escortée d'un bourreau, sans compter le poison jeté dans les rues.

« Je ne reçois aucune nouvelle de Paris. Je comptais sur le produit de mes petites brochures; le dépositaire, absorbé par les élections, ne répond pas. — L'horizon est sombre. — Je vous serre la main. (4). »

Voici deux sonnets inédits, que j'ai reçus de Glatigny vers cette époque, et que je n'ai pu faire insérer au journal, par la raison toute simple qu'il venait d'être supprimé.

Le Lazzarone, au grand soleil
Confiant et joyeux s'étale ;
Il repose sur une dalle,
Enveloppé par l'air vermeil.

Là, sans soucis, aux rois pareil,
Il reçoit les baisers du hâle,
Et le ciel, tente triomphale,
Se déroule sur son sommeil.

Ainsi, la paupière fermée,
Je m'allonge, ô ma bien-aimée,
Aspirant l'air clément du jour,

Et libre, calme, heureux, je rêve
D'un bonheur sans fin et sans trêve,
Au grand soleil de ton amour !

*
* *

Quelquefois un beau ciel s'embrase tout à coup ;
L'herbe est verte : les bois sont baignés de rosée.

Et la nature aimante, heureuse et reposée,
A l'air de s'endormir et de rêver partout.

Cependant un éclair large et profond déchire
Le voile pacifique et charmant, étendu
Sur cette terre calme et douce, qui respire
Vaguement son chant pur du cœur seul entendu.

De même, ô cher enfant, lorsque tranquille et rose,
Ta fière et jeune tête entre mes bras repose,
Dans un demi-sommeil confiant et joyeux,

Alors qu'avec lenteur, de mes lèvres j'essuie
Les larmes de plaisir de la minute enfuie,
Un fauve éclair d'amour jaillit de tes grands yeux.

VII

On croit rêver en lisant le petit livre du
Jour de l'an d'un vagabond, tant l'horrible et
l'atroce se mêlent impunément au comique
endiablé dont ces pages sont pleines.

Il s'est trouvé, en l'an de grâce 1869, un
brigadier de gendarmerie assez abandonné
du ciel pour confondre Glatigny et Jud!

Je me garderai bien de rien ajouter à ce
récit primesautier, tellement empreint de
verve gouailleuse et de mordante acrimonie ;
tout le monde connaît cette aventure gro-
tesque et hideuse en même temps.

Je lus un jour, avec stupéfaction, dans
l'*Éclipse*, la lettre où Glatigny racontait à
Polo les motifs de son incarcération dans un
corps-de-garde de Bocagnano, et je me
figurais que le cher poëte avait voulu amu-
ser gratuitement le public, par le récit d'une
aventure imaginaire, quoique fort bien
trouvée.

Néanmoins, connaissant son caractère, les
doutes qui me saisirent me poussèrent à
lui écrire, afin d'avoir une explication vraie

de ces bruits inquiétants. Il me répondit
alors :

« Ensuite et d'abord, mon cher ami, un
commis-voyageur rencontré à Marseille m'a
dit que vous étiez en Angleterre. Voilà
pourquoi je ne vous écrivais point. Pas
d'autre raison. Puis, où vous donner mon
adresse? Quand je crois pouvoir me fixer
quelque part, le siége préparé s'écroule. Je
pensais rester à Bastia jusqu'à la fin d'Avril,
crac! faillite du directeur; ce qui m'a valu
les joies du cachot, — un vrai cachot, sérieux. — Quatre jours de torture, absolument comme au moyen âge. J'ai été mis
littéralement à la question.

« Ma pauvre petite chienne a reçu un
coup de pied dans le ventre qui a failli la
tuer. Pour le coup, j'ai pleuré (5). Mes habits
sont pourris, et je ne sais quand je pourrai
les remplacer. Je reste à Nice encore huit
ou dix jours, et je gagnerai Paris à petites
journées, au moyen de conférences à droite
et à gauche.

« J'attends des nouvelles du journal dont
Claretie doit me faire obtenir la rédaction. »

C'était signé : A. Glatigny, *ancien criminel.*

— Comme l'excellent cœur du pauvre Bohême ressort dans ces quelques lignes! Il

vient de subir le plus sanglant outrage qu'il soit donné à un homme d'endurer, il a été en butte aux plus grossières insultes, aux plus affreuses angoisses, et, au lieu de récriminer, ce qui serait pourtant bien naturel, il ne songe qu'à sa chienne, sa fidèle Cosette, qui a reçu un coup de pied d'un de ces gendarmes brutaux, et il ne trouve des larmes que pour les infortunes de la chère petite bête !

Qu'on me permette de reproduire ici l'espèce de complainte qu'il composa à ce sujet, et qui n'avait pas été destinée à paraître dans le petit livre en question.

COMPLAINTE

Le premier jour de l'année
Mil huit cent soixante-neuf,
Un être en habit pas neuf,
Marcha toute la journée.
Cet individu chétif
Est d'un aspect fugitif (1).

Il a des jambes indues,
Très-courtes également.
Son front dans le firmament
Arrête le vol des nues,
Pour se donner un maintien,
Il promène un petit chien.

Marche, scélérat infâme !
Tout à l'heure le hameau
Fameux de Bocagnano

(1) Extrait du procès-verbal d'arrestation : « Nous avons remarqué cet individu dont son aspect nous a paru fugitif. »

Y verra clair dans ton âme.
Le maréchal des logis
Veille au bas de la Foggi.

Portant l'audace à son comble,
Cet individu honteux
Frappe à l'auberge, et chez eux,
A demandé qu'on le comble
De nourriture en payant.
Ce monstre est bien effrayant !

Voyant de quel front il s'arme
Et qu'il marche vers le Sud,
Vite on a reconnu Jud ;
Ainsi le veut le gendarme
Qui, étant un brigadier,
De ce gueux est familier.

Bien qu'il soit chargé de crimes,
On lui dit : Venez danser,
Boire, manger et causer.
Mais ça n'était qu'une frime
Pour piger ce criminel
Qui n'était pas naturel.

La brigade tout entière
Demande son passeport.
Il n'en avait pas. Alors
C'était un trait de lumière.
On le met dans un cachot,
Vu qu'il ne faisait pas chaud.

Puis il est couvert de chaînes
Ainsi que dans l'*Œil crevé*
(Moins la musique d'Hervé),
Sans être au bout de ses peines.
Il dort sur le lit de camp
Pour son premier jour de l'an.

Le lendemain, la brigade
Se frottait partout les mains
Et criait, par les chemins :
L'homme et le chien, camarade,
Ensemble étant verrouillés,
Nous serons tous médaillés.

On le mène chez le juge
Suppléant qui, tout d'abord,
Démontre qu'il est très-fort ;
Car à tout, dans ce grabuge,
Il répond éloquemment
Ces mots : *effectivement!*

Après l'instruction faite,
Le maréchal des logis
Dit : Pour charmer le pays
On va lui couper la tête,
Car s'il n'est galérien
C'est un *Tacadémicien* (Sic).

Le coupable, tête basse,
Demandait à voir des gens.
Ces propos désobligeants
Empêchaient qu'on lui fît grâce.
Puisqu'il s'était arrêté,
C'était pour être embêté.

Après quatre jours d'alarmes,
On le sort de son cachot.
Il vient dans Ajaccio,
Entouré de deux gendarmes :
Sa petite chienne aussi
Dont le cœur est endurci.

Ce rebut de la nature
S'en va chez le procureur
Qui lui fait avec horreur
Aussitôt sa procédure.
Comme il l'avait mérité,
Il est mis en liberté.

MORALITÉ

Chrétiens, ceci nous enseigne
Qu'il ne faut aucunement
Voyager le jour de l'an,
Et que lorsque l'on dédaigne
D'acheter un passeport,
On est toujours dans son tort.

Ému par tant d'infortune, je cherchais dans mon esprit un moyen de venir en aide au malheureux rhapsode, et je ne trouvais pas grand'chose, lorsqu'il m'écrivit ce qu'on va lire :

« Merci pour votre offre ; voici, je crois, ce qu'il faudrait faire : j'ai deux volumes, *Les Vignes folles* et les *Flèches d'or,* absolument épuisés, et très-demandés en librairie. La réimpression en un seul volume, avec quelques pièces inédites, et une préface nouvelle, est assurée d'un succès de vente. Entendez-vous pour cela avec Lemerre.

« Envoyez-moi ce que vous avez du *Testament;* les hasards des voyages m'ont fait perdre la fin du poëme, et j'ai besoin de revoir le commencement pour refaire une fin.

« Je donne quelques leçons de français ici, et cela m'aide à réparer les brèches faites à ma bourse par mon séjour forcé en Corse. Mais je souffre : mes habits, pourris en prison, m'empêchent de me présenter décemment dans les endroits où l'on permet de gagner sa vie, à la condition d'être bien vêtu.

« Ma petite chienne remue la queue en votre honneur, et moi je vous serre la main. »

J'écrivis donc à l'excellent éditeur Le-

merre, ainsi qu'à Théodore de Banville, deux
cœurs d'or, et à nous trois, nous pûmes
enfin donner un corps à l'un des souhaits
du pauvre bohéme. — Peut-être, hélas! le
seul qui ait été réalisé pendant sa courte
existence. — Le nouveau volume auquel je
fis joindre *Le Bois*, cette ravissante idylle,
parut la même année. Pendant qu'il était en
œuvre, Glatigny me disait :

« J'enverrai les pièces à Lemerre, directement, pour ne pas perdre de temps. Aussitôt que j'aurai donné mon bénéfice à Nice,
je me mettrai en route pour Lyon, et peut-
être pourrai-je venir vous serrer la main.
Banville reverra les épreuves. Il est utile
que le bouquin paraisse avant le départ
pour les eaux. Cosette voudrait bien passer
avec moi huit jours chez vous, où les chiens
ne sont pas muselés. »

On connaît cette nouvelle édition, dans
laquelle Lemerre a épuisé toutes les ri-
chesses et toutes les élégances de la typographie. Le premier livre en est dédié à
l'ami préféré, Théodore de Banville; la seconde partie, à Lecomte de Lisle. — Personne n'a été oublié dans la répartition des
faveurs : j'ai eu, moi, l'honneur d'une préface pleine de goût et de sentiment.

Voici ce que je trouvai, écrit de la main

de Glatigny, sur la première feuille de
l'exemplaire qu'il m'offrit :

Sonnets, Ballades, Odes,
Aventureux Rhapsodes,
Nous vous éparpillons,
    Gais papillons.

L'aigle, chasseur rapace,
Vous poursuit dans l'espace,
Et le lâche épervier.
    Sans dévier,

Vous allez, folle troupe,
Que prend la brise en croupe,
Vous allez vers l'azur
    D'un vol plus sûr,

Riant du noir critique
Braquant dans sa boutique
Sur ses yeux étonnés
    Son pince-nez.

Vous chantez vos romances
Sous les voûtes immenses
Où les astres heureux
    Causent entre eux.

Mais cependant, poëmes
Fils des vertes Bohèmes
Où nous courions jadis,
    Enfants hardis,

Il est à C...........
Ouverte, hospitalière,
Riant dans le gazon,
    Une maison

Qu'emplit un cœur fidèle.
Arrêtez-vous près d'elle,
Et sans peur ni souci,
    Posez-vous-y.

Si vous cherchez l'asile
Où la vie est facile,
Où nul air desséchant
Ne rend méchant,

La maison familière
Où Pan rit sous le lierre,
Vous n'aurez pas besoin
D'aller plus loin.

Le produit de cette édition mit un peu de monnaie dans la bourse du trouvère, et beaucoup de baume sur son cœur. Il m'exprimait ainsi sa reconnaissance :

« Grâce à vous, je ne grince plus des dents en mettant des bottines. Merci de tout cœur. Le bourreau de Theissein m'avait tellement abîmé les pieds que pendant un mois, même les jours de pluie, je n'ai pu supporter que des pantoufles.

« Je suis peut-être (peut-être, hélas !) au seuil d'une position calme. Un professeur du lycée de Nice tâche de me faire entrer comme précepteur chez une dame d'Antibes qui a un fils de douze ans. Figurez-vous ceci : deux cents francs par mois, plus la nourriture et le logement. — Mais n'en parlons pas trop d'avance.

« Une masse d'étrangers arrive à Nice, et je vais pouvoir donner quelques soirées. Quand je reviendrai à Paris, je ferai un petit détour pour aller vous voir. »

C'était trop beau, en effet ; ce rêve alla rejoindre les autres mirages du pauvre vagabond, dans le grand ciel si nuageux de son existence aventureuse. Il ne mit pas davantage à exécution son projet de me venir voir, et je n'eus plus, depuis cette époque, le bonheur de le presser dans mes bras.

Le tourbillon l'entraîna de nouveau, et pareil à ces fantômes d'Holbein, si magistralement peints, il ne fit que passer d'un point à un autre, sans jamais échapper à cette terrible fatalité qui s'était attachée à ses pas dès le berceau.

« Saint-Jean-de-Luz, 7, Grande-Rue. Juin 1869.

« Je lis aujourd'hui votre dernière lettre écrite il y a quatre semaines. Elle me rejoint à Saint-Jean-de-Luz, où je me suis fait traîner par des bonshommes qui ont gagné de l'argent avec moi, et m'ont laissé tout juste de quoi ne pas affranchir ma lettre. Je cherche un engagement ou un emploi quelque part et envoie au diable la littérature, en supposant que j'en aie jamais fait.

« Si je savais faire quelque chose, je vous demanderais un coin dans votre usine. Cela vaudrait mieux que toutes mes tentatives qui m'usent.

« Si d'ici huit jours je peux trouver un emploi de cabotin, puisque je ne sais faire que cela, dans une troupe quelconque, je m'estimerai heureux. Je vous souhaite meilleure chance qu'à moi.

« Détruisez tout ce que vous avez de mon poëme, j'ai jeté le reste au feu. »

Ainsi voilà le dégoût qui le reprend, et avec lui le désespoir et le doute. Les premiers symptômes d'une maladie grave s'étant joints à tout cela, on comprendra toute l'amertume de ses regrets et le fiel de ses récriminations. Il fallait, en effet, que la douleur fût bien poignante, pour dénaturer ainsi ce caractère si doux et si enjoué d'habitude !

Si je me suis résolu à publier tant de lettres de l'infortuné, lettres écrites uniquement pour l'intimité, je désire qu'on ne voie dans ce fait absolument que ce que j'ai voulu y mettre : l'intention de faire comprendre au lecteur, mieux que je n'aurais su le faire moi-même, avec les phrases les plus recherchées, tout ce qui se passait dans cette âme endolorie. Ces cris, arrachés par la souffrance et la misère, et confiés au cœur d'un ami, ne sont-ils pas le plus éloquent des discours ; et qui saurait mieux rendre ces angoisses que celui qui les éprouve !

Je continue donc ce long martyrologe par
cette nouvelle missive, datée d'Ajaccio, du
26 Août, et de l'hôtel de l'Europe où il logeait.

« Me voilà Corse de nouveau, mon ami ;
je suis venu à Ajaccio pour faire le compte
rendu des fêtes du Centenaire, dans *le Gaulois*, et j'y vais peut-être passer l'hiver.
Quel pays! mon ami! que c'est vraiment
beau. Les gendarmes ont un respect sans
bornes pour moi à présent, et je peux errer
en toute liberté sur ce sol merveilleux.

« Et vous, qu c faites-vous? Votre petit
coin de C*** doit être en pleine verdure à
présent et ça doit être bon d'y vivre. Moi,
j'ai pris le dégoût de la ville. Je ne travaille
sérieusement qu'à la campagne. Un *Guide*
en Corse, que je vais faire pour le département, va me donner quatre mois de repos à
Ajaccio, ce qui ne me fera point de mal à la
santé. J'ai horreur de l'hiver, et il est inconnu dans cet heureux pays adopté désormais par ma chienne. »

Encore une déception : le *Guide* en Corse
ne fut jamais commencé.

Encore de la désolation, après quelques
jours de soleil.

« Je suis obligé de vous faire écrire, mon
ami; ma vue est baissée au point de m'empêcher de lire et de travailler pendant tout

un mois. J'ai reçu vos livres, mais je ne les
ai pas lus encore. J'ignore combien de temps
je resterai en Corse, mais je partirai aussitôt
que je pourrai. »

« Santa-Lucia di Tallano, 30 Septembre.

« Aux trois quarts aveugle, couvert de
rhumatismes, plein de maux d'estomac,
condamné à l'immobilité la plus absolue,
voilà mon lot. Je ne puis même lire ce que
je vous écris, et je ne vous écris moi-même
qu'en l'absence de mon petit secrétaire. On
me dit que la montagne me fera du bien. Je
le souhaite, mais jusqu'à présent je ne
m'aperçois de rien. Je m'arrête, ces lignes
m'ayant très-fatigué. »

« Santa-Lucia, 20 Brumaire.

« Je crains bien de ne plus avoir à vous
écrire. Il m'est impossible de quitter la
Corse, faute d'argent, aucun des journaux à
qui j'ai envoyé de la copie ne m'ayant répondu. D'un autre côté, je suis plus malade
que jamais; pas de médecin, rien, isolement
complet, et la poitrine dans un état qui me
fait croire que ça ne durera pas longtemps.
Portez-vous mieux que moi. Je m'arrête
pour cause d'éblouissements dans les yeux.

« Votre ami bientôt *feu*,

« A. G. »

7

VIII

Vers le mois de Janvier suivant, je reçus la lettre que voici :

« Je suis échoué à Avignon, d'où je partirai pour Lyon dès que j'aurai quelques sous. Là, mes séances m'enrichiront jusqu'à Paris. J'ai pu lâcher la Corse, c'est l'essentiel. En quittant Lyon, je passerai vous dire bonjour.

« La santé revient petit à petit ; l'air de France y est pour beaucoup. L'année nouvelle va être meilleure, il faut l'espérer. Je vous griffonne ces lignes du lit que je ne quitte encore qu'avec difficulté. »

— « Beaumesnil (Eure), 12 Février 1870.

« Je suis arrivé chez moi, ne me demandez pas comment, éreinté, malade, mais au milieu des miens. Je ne vous écris que pour vous donner mon adresse et vous serrer la main, profitant de l'heure unique où il m'est permis d'y voir un peu. Ça ne va pas bien, je ne suis pas fort. Si je ne suis pas venu vous voir, cela tient à ce que j'ai été forcé de prendre la ligne de Dijon. D'ailleurs, j'étais si malade que j'aurais eu peur de nè plus pouvoir repartir. Je vais passer l'année ici. »

— Vauréal, par Pontoise (Seine-et-Oise), 11 Messidor, an 78.

« Je vous envoie la figure que la convalescence a bien voulu me refaire. Vers la fin du mois prochain, si je suis assez riche, je ferai une excursion à C***. Depuis deux mois, je me promène chez mes oncles et cousins divers, ne faisant absolument rien que respirer et reprendre un peu de forces. J'en avais besoin.

« Si je suis tout à fait remis, et que j'aie seulement la force de soulever le Puy-de-Dôme à bras tendu, je tomberai chez vous avec Cosette qui sera probablement dans une position intéressante. »

Quoiqu'il prétendît ne rien faire, son cerveau travaillait continuellement, soit à bâtir des châteaux en Espagne, soit à faire des vers.

Le directeur du *Méphistophélès*, de Toulouse, lui ayant demandé l'autorisation de publier une nouvelle charge de lui dans son journal, Glatigny écrivit :

« Je répondrai, cher Monsieur, à l'autorisation que vous me demandez, comme le bourgeois dont la fille est à marier : Monsieur, votre demande m'honore ! — Mais si je me croyais le droit d'accorder une autorisation quelconque, je veux bien devenir l'amant de Germaine Cousin.

« Maintenant, et j'aurais dû commencer par là, je vous remercie de tout cœur pour les aimables lignes que vous m'avez consacrées dans votre libre journal. »

Il envoyait en même temps à cette feuille le sonnet suivant :

Perfide comme l'onde, a dit Shakspeare ; ô femme !
Je te sais, en effet, habile aux trahisons,
Et que tu nous conduis vers un récif infâme
Caché dans le bleu pur des calmes horizons.

Pourtant les matelots que l'inconnu réclame
S'embarquent, le cœur plein de joie et de chansons,
Car le soleil joyeux rayonne, car la lame
Invite le navire avec de gais frissons.

Ainsi ton doux regard m'attire, et sa caresse
Est la brise tentante et pure, ô charmeresse !
Qui berce l'alcyon sur le désert amer.

Fou qui reste au rivage ! ô prunelle irisée,
Tu le veux. Après tout, on a vu que la mer
Accorde aux voyageurs la bonne traversée !

— André Gill venait de créer la *Parodie*. Glatigny s'empressa de lui décocher cette pièce de vers, précédée d'une épitre en prose à l'adresse de E. Vermesch.

« Isle sonnante, l'an 1869 de la Dive.

« Imbécile,

« Je t'adresse cette épître pour te faire savoir que Lemerre (Alphonse) vient de rééditer mes *Vignes folles* et mes *Flèches d'or* en un volume qu'il a soigné comme son pudendum. Ma générosité t'en octroie un exemplaire : remercie-moi, animal.... à genoux !.... c'est bien. Je pourrais te demander un tome à la louange de ces poésies merveilleuses, et l'in-folio serait de rigueur. Que dis-je ! ce serait laisser encore trop peu de champ à ta légitime admiration !.... donc, je te rends ta liberté. Toutefois, aussitôt que Lemerre aura remis ès mains de ta flagornerie le susdit chef-d'œuvre, — et par une faveur spéciale tu seras servi en même temps que les cabotins, Paillasse ! aussitôt tu t'empresseras de chanter en mon nom un *Te Deum*, faible signe de ta joie, dans tous les journaux ridicules où tu peines. Je te permets quelques larmes d'attendrissement de-ci, de-là..., entends-tu ? Éjacule ton enthousiasme en deux ou trois phrases bien senties ; fais ton devoir, en un mot ! sinon je te dévoue aux sympathies de M. Laya, que le diable patafiole. N'éternue pas !

« Serre les pattes à Gill de ma part, et remets-lui la poésie inédite contenue en cette missive. Je lui ordonne (pas de réplique!) de l'insérer dans le plus prochain numéro de la *Parodie*.

« Sur ce, comptant sur son obéissance et la tienne, je te salue en Notre-Seigneur, et je te baise sur l'œil gauche.

« Ton, A. GLATIGNY,

« Fils, neveu et victime de gendarme. »

Comme on le voit, par cette bouffonne plaisanterie, la tendance de cet esprit plein de verve à la raillerie tabarinique ne lui faisait point défaut, même dans les plus douloureuses circonstances. Qu'on rapproche ces lignes de la lettre qu'il m'adressait quelques jours auparavant, et que l'on compare!....

Le cher garçon s'était tellement incarné dans son rôle de bohême, que, malgré toutes ses énergiques dénégations, il continuait de se donner journellement les plus formels démentis à lui-même. Avec la mort dans le cœur, il se croyait sans cesse obligé de parader sur ces tréteaux qu'il transformait en piédestal pour la circonstance; et tous ses efforts consistaient à empêcher le public de voir la larme de l'homme endolori, sous le masque du pitre enfariné. — Pauvre martyr !

Voici la pièce de vers.

LA DÉCLARATION DU PITRE

Madame, victoire à vos yeux !
Je suis le pître glorieux
De la quatrième barraque :
J'ai le calembour caressant,
Et sur mes bras couleur de sang

Plus d'une lorgnette se braque.
Vers moi la Renommée accourt,
Je suis fort bien vu de la cour,
Et l'on sait mon nom jusqu'en Chine ;
Je suis fort, beau, nerveux et blond ;
Le dos de monsieur Darimon
Est moins souple que mon échine.

Le laurier se plaît sur mon front ;
Des sifflets j'ignore l'affront,
J'ignore l'ironie amère ;
Le peuple enivré m'applaudit ;
Je suis passé dieu de maudit ;
Et j'ai su dompter la Chimère.

Et pourtant, depuis quelques jours,
Le noir souci, fils des Amours,
Ronge mon cœur et le dévore ;
C'est que je vous ai vue, hélas !
Dans la fleur de vos falbalas,
Passer comme une vive aurore !

Chère mignonne, dans vos yeux,
(O despotes impérieux !)
Flambait la jeunesse irisée ;
Vos cheveux d'or pâle étaient fous,
Et votre teint rendait jaloux
Les narcisses dans la rosée.

Madame, je pleure le temps
Où, parmi les feux éclatants
Des formidables allégresses,
Tournoyaient dans les bois ombreux
Les chastes chœurs harmonieux
Des Immortels et des Déesses.

Bacchantes que Vénus menait,
La fatigue vous surprenait
Sans vous avoir rassasiées ;
Les œillets, les roses, les lys,
Sous les pieds nus d'Amaryllis
Naissaient, gerbes extasiées.

Madame, en ces temps disparus,
Par mons Apollon secourus,
Mes yeux eussent charmé les vôtres !
Ah ! nous serions peu vertueux,
Et vous sauriez mes vers bien mieux
Que le Symbole des apôtres !

Mignonne, ayez pitié de moi,
Et laissez-moi vous dire : Toi !
Dans l'avoine folle et dans l'orge
Il est bien des chemins perdus :
Oh ! mes désirs sont suspendus
Aux pointes roses de ta gorge.

Viens, mon âme ! viens, mon cher cœur !
Viens, choisis-moi pour ton vainqueur,
O ma colombe langoureuse !
Nous saurons, jamais apaisés,
User nos lèvres de baisers,
N'est-ce pas, dis, mon amoureuse !

Il publia également, vers cette époque,
deux petits opuscules d'un comique achevé
et d'une verve endiablée, mais dont la cru-
dité parfois blessante n'a pas la moindre
feuille de vigne pour s'abriter. Ce sont : *Les
bons contes*, suivis de *La chaste Suzanne*

— une insanité du plus haut goût —, et *La
sultane Rozréa*, un caprice à donner des nau-
sées.

A ce propos, il me revient que l'on a re-
proché amèrement au poëte cette tendance
aux fantaisies érotiques; déjà, à la première
apparition de ses *Vignes folles*, on signalait
à la vindicte publique sa pièce d'*Aurora*, et
ses *Antres malsains*, le morceau capital de
cette publication. J'aurais mauvaise grâce
de venir soutenir ici une théorie que je dé-
sapprouve entièrement, en cherchant à dis-
culper Glatigny de ces péchés de jeunesse.
Ronsard a dit quelque part :

« Sur toutes choses tu auras les Muses
en révérence, et ne les feras jamais servir à
des choses déshonnêtes, à risées, à libelles
injurieux, mais les tiendras chères et sa-
crées comme les filles de Jupiter, c'est-à-
dire de Dieu lui-même, qui de pleine grâce
a premièrement, par les Muses, fait connaître aux peuples ignorants, par fables
plaisantes et colorées, les secrets qu'ils ne
pouvaient comprendre. »

Toutefois, je me permettrai d'avancer que,
bien souvent, la beauté de la forme fait oublier la trivialité du fond. Si l'on devait jeter
au panier toutes les élucubrations de ce
genre, combien de chefs-d'œuvre n'aurions-

nous pas perdus pour jamais! Il nous faudrait donc rayer radicalement de notre bagage littéraire les *Contes* de La Fontaine, le *Décaméron* de Boccace, les *Contes* de la reine de Navarre, ainsi qu'une grande partie des œuvres de Parny, Collé, Brantôme, et tant d'autres?

Il est fâcheux, assurément, que de pareils maîtres aient obligé leur Muse à se vautrer dans ces immondices, mais il n'en est pas moins vrai que du cloaque sont sorties des œuvres de génie, qui sont, et resteront longtemps encore, des modèles de style et d'imagination. Ne faut-il pas tenir compte également du goût et des mœurs de l'époque où ces œuvres ont été élaborées? Dans les fouilles de Pompéi on a découvert des objets d'art d'une valeur incontestable, et qui cependant représentent presque tous des sujets obscènes. En sont-ce moins des merveilles? assurément non. Le beau est toujours séduisant, quelle que soit la forme qu'il revête.

— Lemerre édita aussi de lui une charmante comédie, *Vers les saules*, qui avait déjà été représentée au théâtre du Casino, à Vichy, le 25 Juin 1864. Madame Ugalde, la grande artiste, assistait à cette représentation, et voulut bien complimenter le jeune

auteur, qui fut sincèrement touché de cette
marque d'estime; aussi, dans cette édition
de son ouvrage, s'empressa-t-il d'écrire une
dédicace à l'illustre comédienne (6).

Vers le mois de Septembre 1870, Glatigny
retrouva à Beaumesnil une jeune fille charmante, Américaine d'origine, mais élevée
en France, dont il avait fait la connaissance
deux ans auparavant, pendant son séjour à
Nice, et vers laquelle un doux penchant
l'entraîna bientôt. Pendant qu'il faisait une
cour assidue à celle qui devait devenir bientôt sa femme, le canon prussien, comme un
douloureux écho, faisait entendre sa formi-
dable voix à la frontière, et commençait
cette série de désastres qui devait accabler
notre malheureux pays.

Cependant, rien n'était encore perdu, et
l'on ne pouvait guère prévoir l'avenir tel
qu'il devait être, car nos premières défaites
pouvaient être facilement réparées, et l'on y
comptait bien.

Albert, tout en prêtant une oreille atten-
tive aux graves événements qui s'accomplis-
saient, trouvait quelques instants pour écrire
quelques vers à sa fiancée. Je tiens de cette
estimable enfant les strophes qu'on va lire,
et qui n'ont, bien entendu, jamais été pu-
bliées,

A MADEMOISELLE EMMA (*)

Vous avez la gaîté sonore
Du clair printemps et de l'aurore.
La jeunesse au front enchanté
Dans votre doux sourire brille ;
Pourtant la mère de famille
Vient vous prêter sa gravité.

Jeune âme encor toute ravie
Par les promesses de la vie,
Vous avez le chaste maintien
De Cornelia, la romaine,
Et par vous la maison est pleine
D'un bruit d'ailes d'ange gardien.

Votre fraîche voix dit : mon frère !
Avec un ton de jeune mère,
Et vraiment, c'est délicieux
Pour le passant que ce ménage
Fraternel, pur et sans nuage,
Austère, simple, gracieux.

Rien que votre voix vous dit bonne,
Et quand votre chanson résonne,
On croit entendre, et l'on croit voir
Un rossignol sous la feuillée,
Chantant à l'aube réveillée
La sérénité du devoir.

POUR EMMA

C'est parmi les affreux vacarmes,
L'angoisse, le deuil, les douleurs,
Et c'est arrosé par tes larmes
Que l'amour est né dans nos cœurs.

Eh ! bien tant mieux, ô mon amie,
Il n'en sera que plus vaillant ;

(*) La première de ces pièces a été composée à Nice, en 1868,
mais je la place ici parce qu'elle est du même caractère que les deux
suivantes.

Il nous a fait l'âme affermie,
Ranimant l'espoir vacillant.

Il est triste, pensif et grave,
Et son regard est sérieux ;
Accueillons-le comme une épave
De bonheur qui nous vient des cieux.

L'amour souriant et facile
Qui vient à nous leste et charmant
Comme un gai berger de Sicile,
Peut aussi fuir rapidement.

Sa chanson à peine chantée,
Il s'envole, ce vagabond,
Quand souffle la bise irritée
Sur le front d'Avril moribond.

Ne l'envions pas, ô chère âme,
Cœur contre cœur, main dans la main,
Sous le ciel bas, morne et sans flamme,
Continuons notre chemin.

L'aube renaîtra vive et claire,
Le monde pénétré d'accords
Oubliera ses cris de colère
Et nous serons heureux alors.

Mais nous le sommes, nous le sommes,
Puisque malgré les noirs démons,
Malgré le bruit que font les hommes
Saignants, meurtris, nous nous aimons.

Oh ! quand luiront les jours prospères,
Quand les tigres en écumant
Fuiront au fond de leurs repaires,
Alors, ô mon rêve charmant !

Nous irons dans la route neuve
Que nous enverra l'avenir,
Rendus confiants par l'épreuve,
Soutenus par le souvenir.

Car c'est à cette heure suprême
Où chaque âme désespérait,
Que nous nous sommes dit : Je t'aime!
Que s'est trahi notre secret,

Et que j'ai senti sous mes lèvres
S'incliner ton front, ô douceur!
Et que j'ai reçu pur de fièvres
Ton baiser d'épouse et de sœur.

A MA MIGNONNE EMMA

Voici la chanson de la bien-aimée
Que l'aube m'apporte et que je redis,
La douce chanson toute parfumée
Qui change mon cœur en un paradis!

Ces vers sont éclos pour la bien-aimée,
Pour que ses beaux yeux, ses yeux si charmants
Qu'emplit une aurore encore innommée,
Les couvrent demain de rayonnements.

Je l'aime, je l'aime! et c'est une fête
En moi, hors de moi, rien que d'y songer,
Ame de lumière et de beauté faite,
Son charme s'épand subtil et léger.

Mais regardez donc, alors qu'elle passe,
Cet air délicat et mignon qu'elle a;
Dire que pourtant toute cette grâce,
Ce charme, cet air, c'est à moi, cela!

Je suis riche, mais riche à faire envie
Aux oiseaux du ciel, tant j'ai de l'amour
Au fond de mon cœur qui la glorifie,
Cher être béni, ma vie et mon jour!

C'est elle, mon bien, mon trésor, ma femme,
Celle que je montre aux astres joyeux
Comme la moitié douce de mon âme,
L'épouse au regard tendre et sérieux.

Hiver tu me plais, tu me plais, ô sombre
Endormeur des bois, puisque je peux voir

Ses beaux cils baissés projeter leur ombre
Sur la joue aimée où sourit l'espoir.

O bonne chanson, chanson la meilleure
Qu'une lèvre humaine ait chantée encor,
Éternise-toi, résonne à toute heure,
Fanfare d'amour, chère à ce cœur d'or.

Chante dans les bois, chante dans la plaine,
Chante dans la nuit, chante au clair soleil,
Toi qui dis l'amour dont mon âme est pleine,
Et cours lui porter le joyeux réveil (7).

IX

Nous voici arrivés à cette période douloureuse, que notre grand poëte a surnommée si énergiquement l'*Année terrible*, et qui laisse bien loin derrière elle les jours les plus néfastes de l'histoire des peuples.

Glatigny m'écrivait, à la date du 6 Octobre :

« Nous sommes en pleine invasion. L'ennemi est à quelques lieues. Évreux est occupé. Peut-être le village d'où je vous écris le sera-t-il demain. Je vous envoie ce mot à la hâte pour vous dire adieu ou au revoir. Si la pauvre France devient prussienne, je retourne à la Corse. Je suis bien décidé à me faire tuer pour ne pas voir cela (8). »

Il revenait d'Évreux, chassé par la présence de l'ennemi. Il n'avait pas perdu son temps dans cette ville. Logé chez son ami, M. Boué (de Villiers), le rédacteur en chef du *Progrès de l'Eure*, il commença une *Histoire merveilleuse des Saints normands*, dont l'idée lui était venue à la suite d'une lecture qu'il avait faite des *Saints grotesques de l'Eure*, de M. Boué. Il fit également paraître plusieurs poésies dans les *Échos littéraires* de cette ville, et enfin il inséra dans le journal susdit plusieurs pièces qui furent réunies plus tard en un volume, sous le titre de *Le Fer rouge, ou les Nouveaux Châtiments*, dans lequel son style prend des proportions épiques, et flagelle, mordant et acéré, les tristes héros de cette lamentable histoire.

J'avais reçu déjà, dans un numéro du *Progrès de l'Eure*, la pièce intitulée : *A la France*, avec une lettre de l'auteur, qui avait alors l'intention d'intituler son livre futur *La mouche du coche*, mais qui changea d'avis, comme on l'a vu.

Le morceaux des Fonctionnaires, entre autres, est d'une vigueur et d'une incision surprenantes; qu'on en juge par cet extrait:

On n'a pas eu besoin de les chasser. — D'eux-mêmes.
Ils se sont esquivés, furtifs, grotesques, blêmes,
La main à leur derrière ainsi qu'un bouclier,
Perdant, l'un son toupet, l'autre son râtelier.
Dégringolant, soufflant, suant à grosses gouttes,
Ils se sont culbutés le long des grandes routes,
A défaut du remords poursuivis par la peur,
Regardant derrière eux, parfois, avec stupeur,
Effrayés de leur ombre. O Jocrisses! Bobèches!
A tout fier sentiment jusqu'à la fin revêches!
Parce que vous avez été vils, vous croyez,
O hiboux par l'éclat du grand jour foudroyés!

Qu'on sera comme vous, vils, abjects et féroces !
Tremblez moins. Modérez le galop de vos rosses.
Oui, vous avez été des chacals ; vous avez
Du sang noir de Décembre à vos doigts mal lavés ;
Vous disiez : feu ! vos mains aidaient les guillotines ;
Vous avez rédigé les listes clandestines
Qui vouaient à l'exil nos plus purs citoyens.
Rien ne vous arrêtait alors. Tous les moyens
Etaient bons qui pouvaient arracher un sourire
Au louche fondateur de ce hideux empire,
Qui vous tombe à présent sur le dos, et jugeant
Les autres d'après vous en ce péril urgent,
Vous croyez entrevoir de fauves représailles.
Vous cherchez les terriers, les caves, les broussailles,
Les trous à rats, vermine impériale ! Allons,
Rassurez-vous. Tournez moins vite les talons,
La République, enfant des ardentes fournaises,
Laisse à d'autres le soin d'écraser les punaises !

Il envoya en même temps à M. Boué plusieurs articles en prose d'une violence d'expression telle qu'il n'osa les insérer dans sa feuille. Du reste, le *Rappel*, auquel on les adressa ensuite, s'abstint également. C'est tout dire.

— Pendant ce temps, le père de Glatigny fut mobilisé, avec sa brigade, et envoyé pour surveiller les mouvements de l'ennemi. Quant à lui, malade et d'une faiblesse excessive, il alla à Serquigny, près Beaumesnil, dans un petit manoir appartenant à M. Augustin Vy, qui lui avait permis de s'y installer. Il vécut là quelques jours avec une escouade de mobiles. Quittant bientôt cet asile, à l'approche des Prussiens, il fit le projet d'aller au Havre, pour passer de là en Angleterre ; mais ce projet, comme les autres, resta à l'état de lettre morte.

Ce fut pendant son séjour à Serquigny qu'il fit *Rouen*, petit poëme plein d'ardeur, mais un peu injuste dans le fond. Hélas! qui n'avait pas l'esprit troublé et aigri, dans ces jours d'angoisses inouïes! Il est juste de dire aussi que le poëte venait d'apprendre la mort d'un de ses cousins, tué par les Prussiens (9). — Il y composa également cette boutade humoristique sur la langue et la littérature allemande.

« Les journaux prussiens, et après eux quelques journaux français, ne craignent pas d'humilier notre malheureux pays sous tous les rapports.

« A les entendre, la France serait la corruptrice du monde : les opérettes, dont elle riait, ont gangrené la moitié du globe. Rendons immédiatement à César ce qui appartient à César, c'est-à-dire son poison.

« L'opérette est un produit prussien, M. Offenbach est un sujet du pieux Guillaume. Le digne copin de M. Aurélien Scholl en littérature policière, M. Albert Wolff est également prussien.

« Et cela leur va bien à ces patauds d'Allemands, de nous reprocher l'immoralité de notre littérature, qu'ils pillent depuis qu'elle existe! Ils sont donc bien moraux, ces êtres chez qui le type idéal de la grâce et de la candeur, *Marguerite*, est, ainsi que le dit excellemment Dumas fils, une gaillarde qui s'éprend à première vue d'un inconnu, couche avec lui pour un collier de vingt-cinq sous, et tue son enfant pour sauver les apparences!

« Hervé a compris ce type de chasteté allemande en la personnifiant dans *Blanche d'Antigny*. — Et leur *Méphistophélès!* quelle copie manquée de notre *Figaro*, et surtout de *Mascarille!* Ces deux gais sacripants n'ont aucun pouvoir occulte à leur disposition, ils n'ont que leur génie, et ils accomplissent bien d'autres merveilles que les tours d'escamotage de Méphisto dans la cave d'Auerbach.

« Nous ne pouvons comprendre *Faust*, disent les Allemands; je crois bien : c'est incompréhensible! La partie humaine est grossière et repoussante, et la partie philosophique digne des amphigouris les plus compliqués. La scène des sorcières est volée à Shakspeare. Reste le style. Je n'ai rien à en dire; mais je doute qu'on puisse faire quelque chose d'harmonieux dans cet amas de syllabes grotesques qui a la prétention d'être une langue.

« L'orfraie doit trouver son cri charmant ;
il se peut donc bien que les Allemands trouvent de la douceur dans leur patois fait pour
rincer les bouteilles ; mais ce qui m'indigne,
c'est que des écrivains français humilient
Corneille et Molière, et notre grand Victor
Hugo, devant des gens qui grognent au lieu
de parler.

« La langue allemande — dont je suis fier
de ne pas comprendre un mot — doit res-
sembler aux actes des Allemands, ce peuple
de savants qui brûle les bibliothèques, ces
amis des joies paisibles qui violent des
femmes et incendient les villages, ces honnêtes gens qui indiquent la probité de Troppmann ! »

— Les événements continuaient de se dé-
rouler lugubrement ; et ce drame hideux,
prologue d'une infernale parodie, la Commune, touchait à sa fin, lorsque je reçus
une lettre d'Albert, en réponse à la simple
carte de visite que je lui avais adressée, ne
sachant s'il était encore au nombre des hu-
mains affolés qui survivaient à nos désastres.

« Beaumesnil, 8 Janvier.

Je ne puis pas vous dire la joie que m'a
causée la réception de votre carte, car je ne
savais ce que vous étiez devenu dans ce tu-

multe et ce carnage. Je vous ai écrit trois fois. Avez-vous reçu mes lettres? Donnez-moi des nouvelles de votre santé. Votre lettre ne me retrouvera plus comme vous m'avez connu et comme je suis encore. Quand elle arrivera, M. le maire de Beaumesnil aura fait de moi un respectable mari. J'épouse une mignonne Américaine dans quelques jours, et je commence à réclamer mes droits à la vénération universelle. Je vais aller dans le Midi. L'amour et le soleil achèveront ma guérison. Au printemps prochain, quand je reviendrai à Paris, je passerai par chez vous.

« Pauvre cher Paris! J'espère qu'il sera bientôt libre. Quelle angoisse en y rentrant! Combien des mieux aimés n'y seront plus! Ici, nous sommes en pleine invasion. L'ennemi est venu saccager une petite ville à deux lieues de Beaumesnil qui est devenu un vrai camp, un camp français, heureusement. Quel deuil dans ma malheureuse Normandie, hélas! et ce deuil est presque mérité. De tous côtés trahison et lâcheté, haine de la République! Je vais aller bien vite respirer un air meilleur aussitôt après mon mariage. Répondez-moi vite. »

Sous le même pli était renfermée cette lettre de faire part :

Monsieur et Madame Glatigny ont l'honneur de vous faire part du mariage de Monsieur Albert Glatigny, leur fils, avec Mademoiselle Emma Dennie, à l'État-Civil de Beaumesnil (Eure), le 11 Février 1871 (10).

— Après son mariage, qui fut purement civil, Glatigny et sa jeune femme allèrent passer quelques mois à Paris, aussitôt que les portes en furent ouvertes. Là, une nouvelle Terreur les attendait : la Commune venait d'y installer son sanglant tribunal ; aussi le pauvre garçon me disait-il, après la rentrée des troupes versaillaises :

« Si l'on m'avait dit, il y a trois semaines seulement, que je vous écrirais encore, cela m'aurait semblé improbable. Je viens de traverser une crise terrible dont je suis sorti, grâce à un admirable médecin, grâce surtout à ma chère petite femme. Je pars dans quelques jours pour la campagne. Je serais bien venu chez vous, mais l'air y est trop vif, puis le voyage est d'une longueur telle que je serais mort en route : voilà pourquoi j'ai opté pour la Normandie. Pourvu que je ne sois pas obligé d'aller passer l'hiver dans le Midi ! J'ai eu la veine de me trouver à Paris tout le temps de la Commune, c'est ça qui n'était pas gai. Brr ! j'en ai encore le frisson rien que d'y penser (11) ».

Mais la maladie, terrible, inexorable, le tenait cloué sur son lit de douleur.

« Toujours souffrant, condamné à la chambre, tenu dans l'obscurité par le brouillard, avec une cheminée qui fume, tel est mon lot. Et vous? j'espère que votre santé est bonne. Je ne m'occupe plus que de cela chez les êtres que j'aime. C'est si triste de souffrir! Le climat de Paris ne me vaut rien, aussi je cherche tous les moyens possibles pour aller vivre ailleurs. Si je pensais réussir, je demanderais un théâtre de petite ville pour cet hiver. Mon rêve est d'avoir un théâtre où l'on ne jouerait que de la comédie et du drame (je n'entends rien à l'opéra), mais où l'on ne se moquerait pas du public. Je voudrais faire ce que Mauk a fait à Nancy : réaliser des recettes en faisant de la bonne besogne, en jouant le plus souvent possible des pièces du répertoire de Molière et de Marivaux. Mes relations me permettent d'avoir de temps en temps des artistes de Paris. Tâtez bien le terrain chez vous; pour une chose pareille, il faudrait une Société faisant les fonds et s'occupant de la comptabilité. Le directeur serait aux appointements et n'aurait à s'occuper que du bon choix de la troupe et du répertoire, ainsi que de l'exécution des pièces. On pourrait ainsi ar-

river à un beau résultat et sortir de l'ornière
battue qui commence à puer terriblement. »

— Comme je l'avais annoncé en commençant cette étude, cette idée fixe du théâtre
ne faisait que s'accroître et embellir, à mesure que l'âge venait, et malgré les démentis
continuels que lui procuraient les déceptions
et la maladie. Mais c'était sa marotte; et son
dernier acte, son suprême cri, fut ce *Brizacier* qui le résumait si bien lui-même, et qui
ne vit le jour qu'après la mort de son malheureux auteur.

Il fit représenter à cette époque, sur le
théâtre national de l'Odéon, un à-propos en
un acte, intitulé : *Compliment à Molière*, dans
lequel Porel joua le principal rôle, puis *le Bois*,
qui eut un grand succès avec Pierre Berton
et mademoiselle Colombier; enfin, *Vers les
saules*, qui fut joué au théâtre Cluny. Peu
après il fit, pour les Folies-Marigny, un prologue d'ouverture pour lequel madame Ugalde
composa une musique ravissante. Enfin il
publia, outre ses *Gilles et Pasquins*, édités
chez Lemerre (12), une petite plaquette, *la
Presse nouvelle*, pleine de verve et de brio.

Citons encore, pour le théâtre, *Pès de
Puyane*, représenté à Bayonne. Un catalogue
du même temps annonçait comme devant
paraître prochainement une comédie, *le*

Singe, représentée aux Folies-Marigny, et un roman, *la Comédie errante*, mais ce dernier ouvrage demeura inachevé ; je n'ai même pu en retrouver aucune trace.

Il envoyait également à son ami Péricaud, alors engagé au théâtre de Bruxelles, cette curieuse pièce de vers.

BALLADE

Du pauvre Glatigny, méchamment enchiffrené, à son ami
Péricaud, à Bruxelles en Brabant

Toujours épris de nos vieilles chimères,
Mon Péricaud, aux pays brabançons,
Libre et riant, aux heures éphémères
Qu'il faut saisir, tu chantes tes chansons.
La vie est là, qui sans plus de façons
Te laisse boire à même ses mamelles,
Joie et santé, ces deux braves jumelles.
Moi, dans un coin, puant comme un vieux juif,
J'entends sonner de loin les ritournelles
Avec le nez tout barbouillé de suif.

Je fais chauffer des tisanes amères
Et je les bois en disant : Finissons !....
J'entends jaser, de mon lit, des commères
Sur le carré, battant leurs paillassons.
Saoul d'opium et rempli de frissons,
Je vois passer de funèbres chandelles,
Devant mes yeux ; mes strophes n'ont plus d'ailes,
Et l'arsenic, un génie inventif
Me tord, pendant combien de nuits mortelles !
Avec le nez tout barbouillé de suif.

Toute l'horreur des humides frimaires
Fait à mon sang charrier des glaçons ;
Mais cependant relisant nos Homères,
Je leur demande encore des leçons.

J'attends l'aurore et les prochains buissons
Où l'œil ravi par les roses nouvelles,
Je cueillerai mes rimes les plus belles.
Le corps est bas, mais le cœur est actif;
Je vous souris, étoiles éternelles,
Avec le nez tout barbouillé de suif.

ENVOI

Les pieds chaussés de feutres sans semelles,
J'ai mis ma lèvre à toutes les gamelles.
Le résultat?.... Maigre, blême, chétif.
Jour, nuit, je mouille en tournant mes flanelles
Avec le nez tout barbouillé de suif.

Le *Rappel* publia, pendant de longs mois, une série de poésies avec cet en-tête : *Fifres et Sifflets*, où l'humeur vagabonde et vive du poëte se donnait libre carrière. Ces pièces, inconnues pour la plupart des gens qui ne recevaient pas ce journal, méritaient cependant d'être conservées. Je fis des démarches à ce sujet, mais la fin funeste du pauvre ami vint réduire ce projet à néant. — Voici un échantillon de cette poésie vertigineuse.

Versailles pleure ses nids vides.
Elle a vu partir, d'un vol sûr,
Ses doux représentants, avides
De pays natal et d'azur.

Ils sont partis! deuil et tristesse!
Bouvreuils, linotes et pinsons
Ont abandonné leur hôtesse
Qui se plaisait à leurs chansons.

Ni le tapis vert qui s'étoile
Des mille fleurettes d'Avril,

Ni les batailles qu'on rentoile,
N'ont pu retenir Lorgeril.

Pareille à la neige du Pôle,
Et pleine d'un ennui mortel,
Cypris cherche sur son épaule
La place où perchait Belcastel.

Les Grâces, harmonieux groupe,
Eclos aux rayons du ciel grec,
Contemplent, rêveuses, la coupe
Où Dahirel trempait son bec.

Là, dans ce bois, à l'heure où tombe
Le soir cher aux cœurs apaisés,
Raoul Duval, cette colombe,
Venait poser ses pieds rosés.

Près d'un Faune au profil de moine,
Sous le feuillage enseveli,
Gavardie et mons Prétavoine
Poussaient un gai *Tilireli!*

X.

Le cœur me saigne en écrivant les dernières pages de cette longue et douloureuse agonie, mais je dois trouver dans le devoir le triste courage de mener à bonne fin l'œuvre commencée. Je n'y faillirai pas.

Il faut, hélas! l'avouer : le germe de cette épouvantable maladie, chez Glatigny, fut la passion du *livre* poussée jusqu'à la frénésie. Il bouquinait sans cesse, et, sans consulter le fond de sa bourse, achetait l'ouvrage qui avait attiré son attention. Jamais il ne s'est privé de ce côté-là; quand arrivait l'heure de la faim, il se trouvait toujours avoir assez : un morceau de pain et de fromage, un verre de bière, lui suffisaient.

Il vivait ainsi trois ou quatre jours; le cinquième, il allait dîner chez un ami, histoire de se refaire un peu, pour recommencer ensuite. On l'a vu emprunter cinq francs pour manger, passer devant la boutique d'un libraire et ne pouvoir résister à l'achat d'une nouveauté littéraire, qu'il guignait depuis quelque temps. Dans sa plus grande détresse,

il trouvait toujours moyen d'acheter trois ou
quatre journaux, aux dépens de son estomac.
Il muselait son appétit!

Au début de cette affreuse maladie, la
plus grande douleur morale qu'il ressentit
fut la perte de ses jambes. On n'avait
jamais vu quelqu'un marcher comme lui;
les lieues filaient sous ses pas. Il avait
parcouru, à pied, l'Auvergne, les Pyrénées
et une partie des Alpes. Il méprisait souve-
rainement les chemins de fer, et souriait de
pitié devant une diligence. En Corse, il avait
fatigué des guides; il grimpait sur les ro-
chers à pic, comme un chat, sans bâton,
s'aidant seulement de ses mains et de la force
de ses jarrets.

Jugez de son chagrin, lorsqu'il lui devint
impossible de sortir! — Jamais, avant son
mariage, il n'avait eu de montre; mais comme
en province (pas à Paris, à cause des voitures) il lisait souvent en marchant dans la
rue, il calculait le temps et les distances sur
le nombre de feuilles lues. Ainsi il disait :
« De la Cannebière à la Joliette, il y a un
Rappel et un *Petit Moniteur;* pour faire le
tour de la Corniche, il faut un *National,* un
Gaulois et un *Figaro.*

— Je vais maintenant transcrire les dernières lettres que je reçus de lui. Comme on

va le voir, il se rendit de Paris à Sèvres, où il séjourna peu, les médecins lui ayant enjoint d'aller passer l'hiver dans le Midi. Il se fixa ensuite à Bayonne, jusqu'à ce que tout espoir de guérison ayant disparu, on le ramena mourant à sa petite villa de Sèvres, où il comptait passer de si douces et si joyeuses années !.... Ce dernier rêve, comme les autres, ne fut qu'une illusion de plus pour le pauvre martyr.

« Sèvres, 2 Avril 1872.

« Quand vous viendrez à Paris, vous ne m'y trouverez plus, mais je demeure si près ! J'ai transporté ma pauvre carcasse à Sèvres, dans un jardin où je grelotte autant qu'à Paris, mais aussi où je respire mieux. — Quand viendrez-vous ? — *Vers les saules*, modifié, a réussi. J'ai un tas de choses à vous dire, mais à vous *dire*. Ce serait trop long à écrire. Tâchez de venir. »

Bayonne, au Ramponneau, allées Marines,
1er Octobre.

« Je suis à Bayonne ; je vais y passer l'hiver, qui ordinairement y est d'une douceur rare. J'espère en revenir bien portant. Le voyage ne m'a pas fatigué autant que je l'aurais cru. Enfin, j'ai du soleil et de l'air !

9

« J'ai rencontré Collodion à Paris ; il m'avait annoncé votre prochaine arrivée, que malheureusement je n'ai pu attendre. Quand vous pourrai-je revoir ? Mon pauvre cadavre se ranimera-t-il ? — Ce qui m'ennuie, c'est, en dehors de ma faiblesse qui est excessive, cette persistance des douleurs aiguës. Depuis trois ans passés, je n'ai pas dormi régulièrement deux heures de suite. Je cache mes souffrances autant que possible à ma pauvre petite femme, mais je n'y réussis pas toujours.

« Et il me faut travailler avec cela ! Les pauvres n'ont pas le droit d'être malades. Ce voyage m'a ruiné, et il faut piocher double pour combler le vide. — Si je guérissais !.... Enfin ! je vous serre la main. »

Bayonne, 19, rue des Faures, 21 Novembre.

« Je prends mon courage à deux mains pour vous écrire. Il m'en faut ! l'enveloppe de ma lettre est faite depuis quinze jours. Il m'est presque impossible de me baisser, ou bien ce sont des suffocations à n'en plus finir. Mes douleurs des reins m'empêchent de rester assis, encore moins d'être debout ; et quelles douleurs ! C'est affreux de souffrir ainsi, depuis si longtemps ; voilà ma quatrième année de tortures commencée, sans répit.

« Pardonnez-moi ces plaintes, mais elles me soulagent. Je me contiens tant que je peux pour donner le change à ma femme, si bonne, si douce, si dévouée, et que mes tourments font pleurer. Puis, cela m'empêche de travailler autant qu'il le faudrait pour les besoins du ménage. Je fais ce que je peux, mais c'est bien lourd une plume, par moments !

« Mon drame *Brizacier* doit passer à l'Odéon, mais quand?... (13); la reprise du *Bois*, qui m'eût rapporté une centaine de francs, est reculée. Je n'ai reçu que mes pauvres appointements du *Rappel*, et ce n'est pas lourd. Toutes les portes me sont ouvertes, ou à peu près, aujourd'hui, c'est vrai; mais je n'ai plus la force de les franchir.

« Si le soleil revenait, je souffrirais moins et je ferais de la copie; on m'en demande plus que je n'en peux faire; mais il pleut, il vente, il tonne, et tout cela me jette au lit. Avez-vous ce temps-là chez vous? Au moins vos maisons, à vous, ont des cheminées, et les fenêtres sont closes; mais ici, sous le prétexte que c'est le Midi, on vit en plein air. C'est le paradis des vents coulis.

« Je finis en faisant la grimace. Dites-moi que vous allez bien, que vous êtes content : cela me consolera au moins. »

Bayonne, 20 Décembre.

« J'ai été tout aise de recevoir votre bonne lettre. Elle m'a trouvé d'ailleurs un peu plus solide et remis au travail; mais quelle secouée! Si j'avais le droit d'être malade, ce ne serait rien; mais quand je suis au lit, je ne gagne rien, et ça n'est plus comme lorsque j'étais seul. Je ne sais comment je vais boucher les trous de ce mois maudit. La littérature, d'ailleurs, a toujours refusé de me nourrir; aussi, sans lui tourner le dos, je cherche autre chose. Je vais, à présent que les forces me le permettent, tâcher d'avoir une rédaction en province, avec appointements fixes, afin de pouvoir compter sur quelque chose à la fin du mois. Mon rêve — mais quand le réaliserai-je? — serait d'avoir une direction de théâtre modeste; il est très-facile non de s'y enrichir, mais d'y gagner largement sa vie, en faisant honnêtement et artistiquement les choses. Le secret consiste à donner du neuf au public, c'est-à-dire à faire le contraire de ce que font les trois quarts des directeurs, qui ne connaissent rien en dehors de leur rengaine habituelle.

« A propos de rengaine, le soleil du Midi en est une jolie. Jamais je n'ai vu tant de

brumes amoncelées qu'à Bayonne. Je serais
dans le Nord, je me dirais : Bon! le ciel fait
son métier de ciel majeur, et l'amour de la
régularité me ferait passer là-dessus ; mais ici,
sacrebleu, je suis vexé !... Enfin, il paraît que
la nouvelle lune va changer tout cela. — A
bientôt ; je vous serre la main, pas encore à
vous faire crier, mais avec une certaine force. »

— Dans cet intervalle, on profita du mieux
relatif qui s'était produit dans l'état de l'infortuné, pour le ramener à Sèvres. Ses jours
étaient désormais comptés, et, quoiqu'il fût
laissé à ce sujet dans l'ignorance la plus
complète, les gens de son entourage ne se
faisaient plus guère illusion. Cette sorte
d'amélioration, survenue inopinément, présa-
geait précisément sa fin prochaine. C'étaient
les dernières lueurs jetées par cette intelligence près de s'éteindre.

Le 5 Avril, il écrivait à M. Vacquerie :

« Je commence par être un assez bel
homme pour vous donner de mes nouvelles,
qui sont enfin meilleures, grâce au docteur
Sée. Je ne m'étonne pas si je ne guérissais
jamais. L'épuisement pour lequel on me
traitait, comme s'il eût été la chose princi-
pale, n'était venu qu'à la suite d'une maladie
des bronches, dont aucun médecin n'avait
eu l'air de soupçonner l'existence. J'avais

beau dire que l'épuisement arrivait petit à petit, et que le mal m'avait presque foudroyé, on n'en tenait aucun compte. Maintenant j'éprouve un mieux que je n'aurais pas osé souhaiter dans deux mois. Encore une semaine ou deux de repos, et je vais pouvoir travailler sans fatigue. Mais que j'ai souffert! Enfin je touche au terme de ma maladie. Je commence à manger, je respire, je tousse très-peu, — moi qui ne faisais que ça —, et surtout je dors! Depuis quatre ans, je ne savais plus ce que c'était que le sommeil. Je ne prends plus de noix vomique, ni d'autres agréables choses du même genre. Les forces me reviennent à vue d'œil, et dans un mois je pourrai venir vous dire bonjour. Jusqueslà, je reste avec prudence dans ma niche. J'ai encore sur ma table le commencement de l'article sur *Mes premières années de Paris*, que je vais donner au *Progrès du Sud-Ouest*. Je vais le finir; ce sera pour me refaire la main. Voilà trois mois que c'est resté là. Quelle jolie bêtise j'ai faite en allant dans le Midi! Après tout, si je n'y étais pas allé, je n'aurais pas été sur le point de crever, et n'aurais pas vu M. Sée. — A quelque chose malheur est bon.

        « A. G. — Avenue de Bellevue, 11,

           « Villa Sainte-Marie (Sèvres). »

— Six jours avant d'expirer, le pauvre
ami m'envoyait les lignes suivantes :

« Je suis de retour à Sèvres. Comment ai-
je fait pour cela? je n'en sais rien. Je suis
revenu mourant, il y a quatre semaines, de
Bayonne. Mon voyage ne m'a rapporté que
de la fatigue, m'a fait dépenser mes derniers
sous, et rien de plus. Le docteur Sée, que
j'ai vu en arrivant à Paris, m'a appris que
jusqu'à présent aucun médecin n'avait rien
compris à ma maladie. Grâce à lui, en quatre
semaines j'ai éprouvé un soulagement incroyable. Je ne suis pas fort, mais je commence à dormir et à manger, ce que j'avais
complétement oublié depuis quatre ans; et
je suis délivré des abominables souffrances
qui devenaient intolérables. Quand viendrez-
vous à Paris?.... Je ne vous en dis pas plus
long, pour cause de fatigue. Soyez moins
bref, vous n'avez pas d'étouffements tous les
quarts d'heure. »

— Le 16 Avril, tout était fini.... La veille
encore, Ernest d'Hervilly, allant le voir,
l'avait trouvé venant à sa rencontre, sur la
route, souriant et gai. Un crachement de
sang, et ça été fait!

Voici la teneur de la lettre de faire part
qui fut adressée aux parents et amis du cher
défunt.

M. Glatigny Joseph, Sénateur; Mme Glatigny Rose-
Alexandrine; M. Glatigny Arthur, et leur famille;
Mme Glatigny, Emma; M. Victor Garien :

Ont l'honneur de vous faire part de la perte douloureuse qu'ils viennent de faire en la personne de M. Glatigny Albert-Joseph-Alexandre, leur fils, frère, parent,
époux et beau-frère, décédé le mercredi 16 Avril 1873,
à l'âge de trente-quatre ans, en son domicile, 11, avenue
de Bellevue, à Sèvres.

*Et vous prient d'assister à son convoi funèbre, qui
aura lieu le vendredi, 18 courant, à midi.*

Glatigny, sur sa demande expresse, a été
enterré civilement; comme il avait été marié,
du reste. Qu'on ne s'imagine pas que ce soit
pour jouer à l'esprit-fort que cette recom-
mandation avait été faite; non, c'était le
résultat d'une conviction dès longtemps mù-
rie, et parfaitement arrêtée.

Malgré la distance et le mauvais temps,
et bien que la triste nouvelle ne fût que
dans les journaux du matin, la plupart des
amis du poëte avaient tenu à lui rendre les
derniers devoirs, et étaient venus à Sèvres.
On remarquait entre autres, MM. Camille
Pelletan, Léon Cladel, Pierre Berton, Paul
Meurice, Auguste Vacquerie, Lecomte de
l'Isle, Émile Blémont, Ernest d'Hervilly,
Philippe Burty, Étienne Carjat, Léon Diérx,
Albert Mérat, Valade, Champfleury, Bracque-

mond, La Fenestre, Lepelletier, Francis
Enne, Lemerre, etc.

Le deuil était conduit par le père de Glatigny, et par son beau-frère, M. Garien. Il
n'y eut pas de discours sur sa tombe; un
simple mot d'adieu fut prononcé d'une voix
émue par M. Léon Cladel, et l'on a quitté la
fosse avec une profonde et durable émotion.

La pauvre jeune femme qui a si géné-
reusement adouci les dernières années du
poëte-martyr, a eu le courage de venir au
cimetière.

— Pour compléter les renseignements qui
me sont parvenus sur ses derniers moments,
je terminerai par la reproduction d'une lettre
que m'écrivait la pauvre désolée, quelques
mois après le coup fatal qui venait de la
frapper.

« Que c'est bon à vous d'essayer de me
donner du courage par de bonnes et douces
paroles! J'apprécie d'autant plus l'amitié et
la sympathie que vous me montrez, que je
les trouve assez rares autour de moi; et
après un chagrin comme celui que je viens
d'éprouver, il est cependant si doux de se
sentir des amis!

« Vous avez raison, Monsieur; la mort ne
peut en effet séparer pour toujours et entièrement deux êtres qui ont eu assez d'affec-

tion dans leur cœur pour durer l'éternité. C'est impossible, et cela serait vraiment trop cruel.

« D'ailleurs, bien que mon pauvre Albert ne soit plus là en personne, je sens quelque chose de lui en moi, autour de moi, dans l'air que je respire; et ce que je sens ainsi, c'est la meilleure partie de lui-même, c'est son âme si pure, son cœur qui m'aimait tant, et qui m'aime toujours, j'en suis sûre.

« Si vous saviez combien mon pauvre mari a souffert! depuis notre mariage, je ne lui ai pas vu un seul jour de répit. Et pourtant, il supportait ses souffrances avec tant de courage et même de gaieté; il faisait de si beaux projets de travail et de bonheur pour l'avenir! car il espérait toujours guérir.

« Il m'aimait tant et aurait voulu me rendre si heureuse! Une heure encore avant sa mort, il me disait combien il m'aimait, et que, se sentant guéri, il allait me rendre en bonheur tout ce que j'avais souffert pendant ces deux longues années de martyre..... Pauvre ami!

« Moi, j'ai peut-être plus souffert que lui, car non-seulement je souffrais de ses souffrances, mais le sachant condamné par les médecins, je n'ai presque jamais espéré. Je savais que cette existence, si douloureuse

pour tous deux, devait avoir un résultat plus
terrible encore. Je luttais cependant avec la
maladie, j'essayais, sans oser l'espérer, de
lui arracher mon bien-aimé; mais tous mes
efforts ont été vains!

« Aujourd'hui, dans mon malheur, il me
reste pourtant une consolation : c'est d'avoir,
j'en suis sûre, prolongé sa vie, et de la lui
avoir rendue moins triste.

« Il est mort aussi doucement que possible, sans se douter qu'il mourait, et plein
d'espoir dans l'avenir (14). »

— Qu'ajouterai-je à ces lignes si éloquentes, et si profondément émues? Hélas! cette
courageuse et héroïque jeune femme, cette
compagne dévouée que le destin avait placée
auprès du pauvre moribond, comme un ange
de consolation, n'eut pas la force de survivre à celui qu'elle avait tant aimé; elle s'est
éteinte elle-même, peu de temps après lui,
et est allée le rejoindre au séjour d'où l'on
ne revient pas. — Une larme sur ces deux
infortunés!

XI

On a comparé, avec assez de justesse, Glatigny à Villon, ce trouvère vagabond du xvᵉ siècle, dont il a contribué dans une large proportion à remettre à la mode les tournures élégantes et les mesures sonores.

Les biographes de ce dernier lui ont, il est vrai, fait une réputation assez peu recommandable, sous le rapport des mœurs ; mais il est à peu près prouvé aujourd'hui qu'il en faut rabattre beaucoup. On n'a pas tenu assez compte, d'ailleurs, du milieu dans lequel vivait ce poëte, et des tendances de son époque.

Glatigny, cependant, a toujours protesté contre cette fatalité qui le poussait à courir les aventures, et l'on serait tenté de le croire sur parole, si l'on ne savait d'un autre côté quel amour il nourrissait pour ce penchant. Nous avons vu ailleurs ses protestations énergiques contre cette appellation de *bohême*, qu'on lui décernait volontiers, pensant rendre rendre plus fidèlement l'idée qu'on s'était faite de lui et de ses goûts. Plus tard, M. Firmin

Maillard, dans les quelques lignes qu'il lui consacre, cite une lettre de lui où il dit :

« Non, personne plus que moi ne déteste la vie folle et vagabonde que le sort m'a faite ; j'ai des goûts de bon bourgeois et j'adore la vie douce et tranquille de famille ; ce n'est que poussé par la misère que je m'envolais vers la province pour m'y faire siffler outrageusement, et non pour obéir à une malheureuse vocation...... comme le disent tous ces farceurs.

« Et la preuve, la preuve c'est qu'aujourd'hui où je gagne quelques sous, où j'ai une pièce ici, une pièce là, tu vas voir quelle vie rangée je vais avoir ; j'habiterai Montpellier pendant l'hiver, et je passerai tranquillement l'été à Sèvres où, heureux avec ma femme et quelques amis, je ne penserai jamais sans frissonner un peu à la vie de bohême que la misère me fit mener trop longtemps. »

Malgré ces aveux, pourtant empreints de sincérité, que lui arrachaient la douleur, il est permis de croire que ce penchant à la vie errante s'était inoculé dans son sang. Je n'en veux pour témoins que les nombreuses pièces, ses meilleures pour ainsi dire, parce qu'il y a mis toute son âme, où il parle des joyeux compagnons de Thalie à la recherche de la fortune. On y sent un souffle d'indépendance, d'aspiration à cette vie errante qui était son idéal, qui ne peuvent laisser aucun doute dans l'esprit.

Voici une pièce, publiée dans le *Parnasse contemporain*, qui vient encore à l'appui de ce que j'avance.

BALLADE DES ENFANTS SANS SOUCI

Ils vont pieds nus, le plus souvent, l'hiver
Met à leurs doigts des mitaines d'onglée.
Le soir, hélas! ils soupent de grand air,
Et sur leurs fronts la bise échevelée
Gronde, pareille au bruit d'une mêlée.
A peine un peu leur sort est adouci
Quand Avril fait la terre consolée.
Ayez pitié des Enfants sans souci.

Ils n'ont sur eux que le manteau du ver,
Quand les frissons de la voûte étoilée
Font tressaillir et briller leur œil clair.
Par la montagne abrupte et la vallée,
Ils vont, ils vont! à leur troupe affolée
Chacun répond : « Vous n'êtes pas d'ici,
Prenez ailleurs, oiseaux, votre volée. »
Ayez pitié des Enfants sans souci.

Un froid de mort fait dans leur pauvre chair
Glacer le sang, et leur veine est gelée.
Les cœurs pour eux se cuirassent de fer.
Le trépas vient. Ils vont sans mausolée
Pourrir au coin d'un champ ou d'une allée,
Et les corbeaux mangent leur corps transi
Que lavera la froide giboulée.
Ayez pitié des Enfants sans souci.

ENVOI

Pour cette vie effroyable, filée
De mal, de peine, ils te disent : merci!
Muse, comme eux, avec eux exilée.
Ayez pitié des Enfants sans souci.

C'est Glatigny qui, le premier, eut l'idée de consacrer à la mémoire de Théophile Gautier ce volume de vers, auquel ont participé, comme cela se pratiquait au xviie siècle, tous les amis du poëte. Le pauvre garçon était loin de se douter qu'il suivrait de si près son illustre ami dans cette fosse si prématurément ouverte !

Dans la pièce qu'il fit à ce sujet, pièce fort remarquable à plus d'un titre, on constate toujours. sa préoccupation dominante, son attachement immuable pour les rimeurs.

. . . .
O monde positif qui prend des airs moroses
Si l'on vient à nommer les amoureux des roses,
Allons ! ouvre les yeux et vois donc aujourd'hui
Le vide affreux que laisse un poëte après lui !

Et plus loin :

Ah ! parce qu'on a ri, parce que l'on rira
De ceux que le laurier verdissant attira,
Parce qu'il faudra bien toujours qu'un imbécile
Soit là pour accomplir cette tâche facile
D'ameuter le public contre les fronts hautains,
Poëtes, bénissons largement nos destins :
Tout est beau, tout est bien et mon âme est en joie !
Pour renaître à l'espoir il suffit que je voie
La stupeur que Paris, ce railleur sans remord,
Ressentit quand on dit que Gautier était mort.

Cette affection sincère pour tout ce qui touchait à ses prédilections, se retrouve en-

core dans les vers suivants, publiés par la
Renaissance du 24 Mai 1873. — Il s'agit ici
d'une de ces belles amoureuses qui, de
temps en temps, viennent se mêler aux enfants perdus, et jeter dans leur ciel obscur
quelques scintillements.

Allez-vous-en, la plus chérie
De ces folles dont on s'éprend
Un matin par étourderie,
Et que l'on voit fuir en pleurant.
N'êtes-vous pas de la famille
De ces gais oiseaux vagabonds
Qui vont de charmille en charmille
Et pour qui tous les nids sont bons?
Quand vous vous êtes reposée
Dans le mien, peut-être ai-je cru
Vous y tenir apprivoisée.
Encore un rêve disparu!

Ange au beau front, Ève enfantine,
Blanche et si blonde, je vous perds;
J'ignore à qui l'amour destine
Les regards de vos grands yeux pers,
Mais je sais bien que je vous aime
Comme on ne pourra vous aimer,
Et me sens devenir tout blême
Dès que je vous entends nommer.

Vous avez, je l'entends encore,
Ainsi qu'un printemps amoureux,
Jeté votre chanson sonore
A tous les échos bienheureux,
Et, pendant quatre ou cinq nuitées,
Que, dans la rue, il faisait froid,
Nos têtes se sont abritées
Confiantes sous un même toit.

Sans craindre que je vous oublie,
Allez, et si plus tard, un soir,
Vous sentez la mélancolie
Vous gagner, revenez me voir :
Sous mes baisers toujours les mêmes,
Ardents a chercher votre front,
Chère amoureuse de Bohèmes,
Les gaîtés d'hier reviendront.

Glatigny a fait en outre quelques pièces de théâtre : l'*Ombre de Callot*, *Pès de Puyane*, etc. Il avait annoncé également un petit volume intitulé : *Les Angoisses d'un village*, qu'il n'a pas eu le temps d'achever, comme tant d'autres œuvres, hélas !

M. Théodore de Banville a dédié à sa mémoire le nouveau volume qu'il vient de faire paraître : *Trente-six ballades joyeuses*.

Une souscription ouverte dans les bureaux du journal *la Renaissance*, et chez l'éditeur Alphonse Lemerre, a produit une somme qui permettra d'élever, en souvenir du poëte, un tombeau digne de lui et de l'affection de ceux qui conservent pieusement le culte de sa mémoire.

— En résumé, l'ami dont je viens d'esquisser la biographie n'était pas un poëte de génie, mais il avait du talent, beaucoup de talent ; ses nombreux admirateurs l'attestent, et ses rares détracteurs ont été obligés eux-mêmes d'en convenir. Et qui sait ce que l'avenir nous aurait donné, s'il n'eût succombé si jeune, brisé par l'atroce maladie qui ne respecte ni l'âge ni les capacités!

Et n'aurait-il, pour sa gloire, que les efforts qu'il a tentés, dans son œuvre inachevée, qu'on devrait encore le classer au premier rang de ces obscurs pionniers du progrès, qui, patiemment mais sûrement, portent le pic au beau milieu du fatras des institutions surannées et des ténèbres de l'obscurantisme.

Qui oserait, du reste, se flatter d'atteindre le but? Combien n'avons-nous pas vu de ces penseurs profonds, de ces altérés d'idéal, qui sont tombés sur la route, l'outil en main, consacrant ainsi le sol aride du travailleur intelligent, comme le soldat qui rougit de son sang glorieux le champ de bataille où il trouve l'immortalité!

Et qu'importe, après tout, que l'on touche à l'arche sainte! La satisfaction du devoir accompli ne doit-elle pas suffire aux esprits vraiment droits, aux cœurs sincèrement dévoués! et la palme de la victoire en est-elle moins acquise à ces lutteurs hardis, parce qu'ils n'ont pu atteindre jusqu'au grand sommet, qu'à ceux qui, plus heureux, ont pu voir se réaliser toutes leurs ambitions?

Je ne le pense pas. Tout effort pour le bien est un acheminement vers la perfection. L'artisan qui pousse sa charrue dans le sillon tracé, le soldat qui fait le coup de feu contre l'ennemi, le poëte qui flagelle de ses vers mordants les erreurs et les préjugés de son époque, sont autant de rouages actifs de la grande famille humaine, dont le concours est indispensable au mouvement général de l'idée. Que l'un de ces moteurs s'arrête, et l'harmonie cessant d'exister, tout est enrayé aussitôt.

Il est donc bon, il est utile et juste d'exalter dans une équitable mesure les faits et gestes de tout individu qui apporte sa pierre à l'édifice social. Les Spartiates montraient des Ilotes ivres au peuple, pour lui faire rejeter avec horreur cette passion funeste; montrons à la jeune génération les athlètes qui ont combattu dans le champ glorieux, pour lui frayer la route, et lui rendre le passage plus facile; ces exemples ne seront pas perdus!

— Ceux qui sont morts à la tâche n'en sont que plus méritants.

NOTES

(1) — M. Champfleury lui écrivait ce qui suit, après avoir reçu de lui ses deux brochures :

— Mon cher Poëte,

Merci pour le *Fer rouge* que je ne connaissais pas, et merci pour *La Presse nouvelle*. L'une est la conséquence de l'autre. Vous aimez en poëte les convictions élevées et les croyants à l'Art.

Nous sommes venus dans une fâcheuse époque où les grands penseurs et les grands travailleurs sont rares, et c'est ce qui a fait de vous un satirique. Mais que de beaux rêves et de nobles aspirations enfouis sous ce rire tout de surface! Et combien on devine, en vous lisant, tout ce que vingt ans de misères et de troubles ont comprimé !

Enfin, il faut toujours aller, toujours travailler, mon cher Poëte, ne fût-ce que pour vos amis connus et inconnus.¡

A vous bien cordialement et merci.

P. S. Dans une quinzaine, nous devenons voisins, et j'irai vous voir.

CHAMPFLEURY.

— Voici une autre lettre de Victor Hugo, adressée à Glatigny, et dont je dois la communication à M. V. Garien, son beau-frère, qui a bien voulu me fournir également la plupart des documents qui suivent; il est donc impossible de douter.de leur parfaite authenticité.

— Hauteville-House, 25 mai 1869.

Votre charmant petit livre m'a amusé et attendri. Doux et cher Poëte, vous nous faites sourire avec ce qui vous a fait saigner, et vous avez l'art aimable et douloureux d'extraire de votre souffrance un plaisir pour nous. Vous êtes riche en *Flèches d'or*, mais c'est là toute votre richesse. On vous doit des remercîments et des dédommagements. Arrêter les gens, comme on le voit dans votre livre, les torturer, les ruiner, puis les renvoyer sans indemnité aucune, c'est là la façon d'agir des gouvernements. Moi, je ne suis qu'un proscrit. Permettez-moi de vous payer mon exemplaire cent francs.

C'est une miette de la dette de tous. Acceptez-la, plus mon serrement de main.

V. HUGO.

(2) Ci une lettre de Cosette à son bon ami V. Garien, qui avait un petit chien fort gentil, nommé Martin.

— Mon cher Garien,

Je vous écris pour vous apprendre mon heureuse délivrance. J'ai deux filles et un garçon superbes, et qui piaulent à fendre la tête, depuis hier, surtout, que je les ai sevrés. Il n'y a plus personne à Nice, que nous allons quitter cette semaine. Mais une chose réjouit mon père : le départ des grues et des princesses a fait sortir un tas de jolies petites Niçoises qui ont de vrais cheveux, de vraies couleurs. Nous les suivons. A part cela, rien de changé. Dupeuty a des procès avec Gauthier; il y a de la poussière plein les rues, et l'on s'embête.

Mon père vous serre la main, et je vous salue ainsi que ma petite famille.

Cosette GUEULEROSE.

Hôtel des Dames, — Nice.

(3) — Et pourtant, que de souffrances il a endurées
pour suivre ce penchant! Quelques lettres, prises de ci,
de là, en feront foi.

Nice, 8 Prairial an 77.

Les petits de Cosette étaient déjà casés, savoir :

1º *Pie IX*, à la Maison dorée ;
2º *Ponchette*, chez Dupeuty ;
3º *Nice*, à l'hôtel des Dames.

— C'est moi qui ne suis pas casé. Mon affaire de Corse
est flambée, et je ne sais comment quitter Nice. Plus je
reste, plus je m'enferre. Je n'ai plus le sou, et j'achète le
tabac quotidien avec le produit des vieux paletots. Il ne
m'en reste plus qu'un. La montre est chez le clou.
Demandez à Duchesne si, au moyen de *Figaro*, je
pourrais avoir une passe avec arrêt à Lyon, où je pourrai
donner quelques séances au Casino.
Saint-Hilaire engraisse puissamment, moi c'est tout le
contraire. Cosette devient mélancolique et comprend la
gravité de la situation. Elle devine la famine en chemin.
Je vais demander à Avette de rester avec lui l'hiver
prochain. Mais c'est l'été qui m'inquiète! Seigneur, où
allons-nous !

Marseille, 27 Prairial an 77.

— Une étape de faite! Je suis à Marseille, d'où je vais
gagner Lyon, qui me ramènera à Paris. Je vais donner
quelques séances au Casino qui me rapporteront des
sommes importantes. Cosette se réjouit. Bonjour à votre
charmante sœur, à qui je réserve un bel exemplaire du
livre que Lemerre me fait imprimer chez Claye.

11, rue Thubaneau.

Ajaccio, 2 Septembre.

— Ma vie a été à Marseille ce qu'elle était à Nice, un
peu meilleure. Je faisais assez pour vivre, pas assez

pour quitter le pays. Le plus loin que je sois allé, c'est Aix en Provence, 28 kilomètres de Marseille.

On m'avait proposé un engagement pour le Châtelet, je n'ai pu le prendre, faute de pouvoir revenir à Paris. Enfin, les fêtes du Centenaire sont arrivées, et Gouzien m'a proposé d'aller en rendre compte pour le *Gaulois*. Cela ne m'a pas enrichi : deux cents francs et le voyage à ma charge. Je reste le mois de Septembre en Corse, où la vie ne me coûte rien, et j'écris un roman judiciaire du pays que Tarbé doit me prendre. Quand je dis : j'écris, je vais écrire, car mes pauvres yeux, à moitié brûlés par le soleil, exigent un repos absolu. C'est à peine si je vois les caractères que je trace en ce moment, et je ne peux lire que le matin seulement avant que le soleil ne soit trop fort. Il ne me manque plus que de devenir aveugle. Si par-dessus Magnard vous pouvez demander à Villemessant si quelques notes sur la Corse actuelle lui plairaient, vous m'obligeriez. Comment allez-vous ? maintenant que je vous ai parlé si longuement de moi. Ce *vous* est collectif et comprend votre bonne et gracieuse sœur. Je voudrais bien pouvoir tomber chez vous et passer une de ces bonnes journées comme à Nice. Mais le pays où fleurit Theissein (il a changé de résidence, ce qui m'a privé du plaisir de le voir), le pays de Corse est loin de Paris. Vous demeurez rue du Marais, je crois, mais j'ai oublié le numéro : c'est pourquoi je vous écris au journal. Présentez mes plus affectueux respects à Mlle Emma, à qui je ferai un sonnet superbe aussitôt que le médecin m'aura permis de travailler.

Hôtel d'Europe.

27 Septembre 1869.

— Je ne vous dirai pas que j'ai lu votre lettre avec plaisir, car depuis six semaines je ne lis plus rien du tout. Je ne distingue même pas les caractères que je trace par routine. Si cela continue, je vais devenir complètement aveugle. On m'a envoyé dans la montagne pour reposer mes yeux ; le seul résultat obtenu consiste

en ceci, que je me heurte aux arbres et aux gens quand
je vais seul. Je vous écrirai plus longuement par le
prochain courrier. Le moutard qui me sert de secrétaire
est à Sartène, et je n'ai personne à qui dicter. Le peu
que je viens d'écrire m'a fatigué abominablement. Bonjour à Mlle Emma. Cosette dit bonjour à Martin. Elle va
mettre bas de nouveau.

Sainte-Lucie de Tallano (arrondissement de Sartène).

14 Brumaire an 78.

— Je passe mon temps à aller à peu près bien et à
retomber malade et aveugle le lendemain. Aujourd'hui
je suis dans un des jours de maladie, voilà pourquoi je
vous écris ces deux lignes seulement pour vous dire
que je ne vous oublie ni Mlle Emma. Je crois être aux
trois quarts flambé. Si j'en reviens, ça me fera plaisir,
ça m'étonnera.

Sainte-Lucie de Tallano. — Corse — (Toujours!)

15 Novembre.

— Je vous remercie de vos bonnes offres, mais il n'y
a rien à faire. J'ai envoyé de la copie partout; nulle
part on ne m'a répondu. Je suis aussi parfaitement oublié que possible. D'ailleurs, le prix de cette copie, suf-
fisant il y a un mois pour me permettre de revenir en
France, ne l'est plus maintenant. Je n'ai qu'à me laisser
crever doucement, ce qui ne sera pas long, malade
comme je le suis, et dans l'impossibilité de me soigner.
Si une fée, à ma naissance, était venue me dire : « Tu
t'appelleras Jules Prével et tu auras du génie, » je serais
un homme respectable. Malheureusement ce nom illustre
n'est pas le mien. Voyez Banville de ma part. Il demeure rue de Buci. n° 10. Ça vous fera une relation
charmante. Quant à moi, je suis résigné à mon prochain
cassage de pipe. J'ai reluqué un petit coin très-gai où
l'on pourra déposer ma carcasse. Si l'*Almanach des
gourmands* de Monselet est paru, envoyez-le-moi, et

injuriez cet homme de lettres qui ne me l'a point fait parvenir. Cosette et ses enfants vont bien. Troppmann est idiot, mais la petite Vérine est très-intelligente.

Sainte-Lucie de Tallano.

(4) — Lettres écrites à son retour.

— Je suis en France depuis huit jours, encore un peu démoli, mais ça se raccommode; il n'y a que les yeux qui ne se décident point à revenir. Je crois bien qu'ils m'ont lâché tout à fait. Je vais passer quelques jours à Lyon, puis je viendrai à Paris avec Cosette, qui se dévergonde de plus en plus et scandalise son ange gardien. Je ne vous en dis pas plus long, par suite du brouillard qui couvre mes pauvres yeux.

13, rue de l'Arbre-Sec, — chez M. Luigini fils. — Lyon.

— A moins que le train ne déraille, j'espère être à Paris mardi soir, à six heures. Ça n'aura pas été sans peine. Je tâcherai de n'y rester que deux ou trois jours et de filer bien vite en Normandie, chez mes parents, où l'air de la campagne achèvera ma guérison. Cosette est très-ennuyée de la longueur du voyage. Il faut la museler et la mettre dans la cage, et ça ne l'amuse pas du tout. Mais je crois nos courses terminées. Il est temps que je devienne un vieillard sédentaire. Mon crâne déplumé, mes rhumatismes, mes yeux affaiblis m'indiquent ce poste vénérable. Aussitôt la première attaque de goutte arrivée, je fais valoir mes droits.

Arsy, 9 Messidor an 78.

— Ne m'écrivez plus où je suis, parce que, comme le soldat de Durandeau, je n'y suis plus. Depuis le 2 Mai, je cours d'oncle en oncle et de cousin en cousin, dans le but de respirer et de redevenir grand garçon : ce à quoi je réussis. Les yeux vont bien, la poitrine moins mal; il n'y a que les jambes qui ont de la peine à retrouver leur ancienne conviction. Dans quelques jours, si je suis

assez riche pour cela, je traverserai Paris pour revenir
à Beaumesnil et me ferai conduire chez vous et uniquement chez vous, car il ne faut pas que je m'attarde dans
ce pays, où l'on ne se couche qu'à une heure du matin.
Cosette dit mille choses à Mlle Emma. Non-seulement
je ne la blâme pas, mais je m'unis à elle. Je cède seulement les honneurs à Cosette parce qu'elle est plus gracieuse que moi.

Je quitte Arsy pour Vauréal, un village avunculaire,
mais il faut m'écrire à Chantilly, *poste restante*, ousque
je vais rester deux jours.

— Je suis encore à Arsy, retenu par le manque de
sous qu'on doit m'envoyer et qui n'arrivent point. Maintenant j'ai à vous écrire ce que je vous aurais dit. Avez-
vous quelqu'un à Nice qui puisse faire adroitement une
commission? Voici le fait :

Avette m'a retenu à Nice en me promettant un bénéfice qu'il ne m'a pas donné. Quand j'ai dû partir, j'ai
laissé chez Ardigo, hôtel des Dames, mes pauvres ba-
gages en nantissement. La maladie, qui a raté son coup
en ne m'emportant pas, m'a empêché de les dégager.
Au mois de Février ou de Mars dernier, j'ai envoyé un
a compte de 50 francs, en disant pourquoi je ne l'avais
pas envoyé plus tôt, et en disant aussi, ce qui est vrai,
qu'à partir du mois de Juillet j'enverrais le restant
de la somme due, et que je priais qu'on ne vendît pas
mes affaires. Je n'ai reçu aucune réponse. Tâchez de
savoir si mes malles, où étaient mes livres, sont vendues.
Dans ce cas, Ardigo se serait payé, et je ne lui enverrais
plus rien. Dans l'autre cas, au moyen de mes séances
dans les villes d'eaux de la Manche, je dégagerais mes
bibelots.

Quand j'aurai les 25 francs qu'il me faut, je reviendrai
un jour à Paris et vous dirai bonjour en passant. J'ai
mal aux dents. C'est toujours ça, mais c'est embêtant.
Décidément, ma carcasse ne vaut pas grand'chose. Celle
de Cosette, par exemple, est meilleure. Elle est grasse
au possible.

Arsy, par Estrées-Saint-Denis. (Oise).

(5) — J'ai transcris les précédentes lettres tout au long, pour montrer combien cet esprit charmant savait conserver toute sa vivacité et son humour, même au milieu des plus atroces souffrances et des plus amères déceptions. Dans presque toutes aussi, il y a un mot affectueux pour cette jeune fille qui a déjà fixé son cœur, et pour laquelle nous allons voir bientôt naître un amour pur et saint que couronnera une douce hyménée. Ah! je le déclare hautement, que peuvent les calomnies et la médisance en face d'expansions semblables!

Et cette tendresse innée de son cœur a-t-elle pu être trouvée en défaut un seul instant, pendant ces longues heures de souffrances et de découragement? Voyez comme il a toujours une pensée aimante pour cette chère petite chienne qui l'accompagne partout, et pour laquelle il ressent un profond attachement. Sont-ce là les faits d'une âme banale et insensible!

(6) — Cette pièce, fort remarquable, fut cependant outrageusement sifflée. Voici comment Glatigny reçut cette injustice, et comment il exprima son opinion à propos de cette facétie de mauvais goût, dans *la Saison*, petit journal-programme de Vichy, qu'il rédigeait en chef en ce moment.

« Au mois de Janvier 1860, j'avais conçu, avec Henry Mürger, l'idée d'une petite comédie très-courte, où deux amoureux causeraient de leur amour, librement, sans arrière-pensée, laissant voir le fond de leur âme et ne cherchant à tirer aucun rideau, si petit qu'il fût, sur leurs pensées, parce qu'ils les savaient chastes réellement, et ne songeant point à dire avec Tartufe :

Mais les gens comme nous brûlent d'un feu discret,
Avec qui, pour toujours, on est sûr du secret.
Le soin que nous prenons de notre renommée
Répond de toute chose à la personne aimée ;
Et c'est en nous qu'on trouve, acceptant notre cœur,
De l'amour sans scandale et du plaisir sans peur.

« Cette petite comédie est la même qui a été si chaudement sifflée, samedi soir, dans les salons de l'Établissement thermal. Je dois dire qu'elle n'est point tombée à demi; la chute a été aussi complète que possible. Quelques applaudissements, vite découragés, ont bien essayé de protester en faveur du pauvre auteur, mais pas longtemps. En vain MMes Delahaye et Marie Protat plaidaient pour moi; ni leur beauté, ni leur jeunesse, rien n'a fait.

« Que mes vers aient été sifflés, cela m'est fort égal; je les livre au public, libre à lui d'en faire ce que bon lui semble; libre aussi à moi de ne point suivre les conseils qu'il me voudra donner, et de nier sa 'compétence en matière de prosodie; mais ce que je n'admets pas, c'est qu'on m'accuse d'immoralité.

« Ce gros mot prononcé : *immoralité*, à la façon d'Henri Monnier, est le mot que l'on jette à la tête de tout jeune homme qui ne juge pas à propos de paraître soixante ans quand il n'en a que vingt-cinq, mais je ne l'accepte pas.

« Si, dans ma pièce, il se rencontre quelques passages *immoraux* aux yeux du public bourgeois, et il y en a, ces passages ont passé absolument inaperçus. Ils se trouvent justement dans la scène entre Henri et Blondine, *la seule* qui ait été écoutée sans le moindre murmure. Cela a paru tout naturel à mes chers siffleurs de voir une jeune femme se jeter de but en blanc au cou d'un jeune homme; en revanche, à deux reprises différentes, on a hué ces vers :

> Que faire un jour de Juin quand on est dans les champs,
> Qu'autour de vous, partout, sur les coteaux penchants,
> Sur la route, on entend jaser sous les ombrelles
> Des couples de ramiers avec leurs tourterelles?

« Les *coteaux penchants* et les *tourterelles* ont soulevé une indignation générale. Une grosse dame, qui avait sur le nez une garniture de corail, est sortie en bouleversant les chaises devant elle, exaspérée, tumultueuse, avec le bruit d'un ouragan habillé par une couturière dépourvue de génie.

« Ces vers étaient dits par M. Aurèle. Si jamais je me
trouve avoir besoin encore d'un brave et honnête comédien qui veuille bien se dévouer à recevoir en pleine
figure les coups de sifflets qui me seront destinés, c'est
à M. Aurèle que je m'adresserai. Il est impossible de
défendre avec plus d'âme et de loyauté une cause dé-
sespérée. Je savais M. Aurèle acteur intelligent, pas-
sionné pour son métier; mais j'ignorais à quel point il
poussait la vaillance et le vrai courage, alors qu'il's'agit
de protéger de son corps et de son cœur l'œuvre qu'on
lui a confiée. Je le sais maintenant, et je m'en souviendrai.

« Tous et toutes, d'ailleurs, les comédiens et les co-
médiennes ont lutté jusqu'au bout sans faiblir. je n'ai
pas à me plaindre que mes vers aient été étouffés sous
le bruit des gros rires, quand on n'a même pas voulu
écouter Mme Delahaye et Mlle Protat, si touchantes et
si charmantes. M. Gaudy, à qui je n'avais donné qu'un
personnage secondaire à jouer, m'a rendu un rôle superbe, un Prudhomme idéal, à qui il ne manquait exac-
tement qu'une clef forée dans la bouche pour être parfait. M. Armand, au milieu des sifflets, dont pas un,
heureusement, ne s'adressait à lui, a joué son rôle fran-
chement, amoureusement, avec une jeunesse d'allures
qui faisait plaisir à voir.

« Quelques instants avant qu'on ne levât le rideau,
Mlle Guérard se plaignait de ce que son rôle était trop
court. Elle n'a plus maintenant, je crois, d'envie à porter
à personne. Les quelques mots qu'elle avait à dire ont
été sifflés ni plus ni moins que ceux des autres.

« Un soir, à la Porte-Saint-Martin, j'ai entendu vigou-
reusement siffler les *Funérailles de l'honneur*, de mon
cher maître, Auguste Vacquerie. Ce bruit aigu m'irritait
et me faisait monter le sang à la tête. La pièce terminée, j'allai voir, au foyer des acteurs, le poëte des
Demi-teintes, et je le trouvai calme et souriant : « Quand
« vous serez sifflé un jour, me dit-il, vous ne vous
« étonnerez plus de mon sang-froid. »

« J'ai été sifflé autant qu'on peut l'être ; eh bien! réellement ça n'est pas aussi terrible qu'on veut le croire.

On dort tranquillement après que l'on a vu tomber une comédie de soi, et l'on ne prend pas du tout les merles en haine. »

A. G.

— Une chose m'ennuie et empêche mon succès d'être aussi complet que je l'aurais désiré. Pourquoi n'a-t-on pas sifflé le vrai passage que M. Plautade avait mis à la disposition de *Vers les saules?* C'est là une injustice contre laquelle on ne saurait trop protester.

(7) — Je copie quelques passages de ses missives à son futur beau-frère, dans lesquels il raconte ce qui se passe dans son âme qui vient d'être envahie par l'amour.

— Il vient de se passer un grand événement. Nous nous sommes aperçus, Emma et moi, que nous nous aimions, et le premier confident de cet amour c'est vous. Elle veut bien être ma femme. Je suis tout étourdi de ce bonheur qui m'arrive. Je la mérite si peu, mais elle veut bien de moi tout de même. Nous attendons, pour nous marier, que vous soyez revenu près de nous (M. Garien était alors sous-lieutenant au 3e bataillon de la 1re compagnie, dans la garde nationale mobilisée de l'Eure), et que je sois guéri tout à fait, ce qui ne tardera pas. Quelle joie de se sentir un amour honnête, pur! Vous le comprenez, vous qui avez une fiancée. Moi, je ne savais pas ce que ça pouvait être. J'ai dit la chose à ma mère. Elle en est contente. Personne de nous n'humiliera l'autre avec sa richesse. C'est ça qui va me faire travailler comme je ne l'ai jamais fait. Je veux devenir quelque chose pour ce cher être dont le cœur se partage entre nous deux.

— Je ne suis plus seul, et cela m'arrive quand je me voyais déjà vieux garçon, inutile! trouver une femme bonne et douce! écrivez-moi vite. Je ne sais pas ce qui se passe ici, je n'ai qu'Emma dans le cœur et dans la tête tant que vous ne m'aurez pas répondu.

— C'est en parlant de vous, cher frère, que nous nous sommes dit que nous nous aimions. Elle pleurait en se

voyant éloignée de vous; c'est à ce moment-là que je
me suis aperçu de la profondeur de mon amour pour
elle. Sans ces désastres, je ne me serais rien avoué à
moi-même. Je puis vous dire que je la rendrai heureuse,
car ce n'est pas un coup de tête qui m'a fait tomber à
ses genoux. Le doux sentiment réfléchi que j'ai pour
elle a poussé mystérieusement ses racines depuis longtemps. Je me laissais aller à ce charme que je n'aurais
pas soupçonné autrefois. Jamais il ne m'était arrivé d'é-
prouver cette immense joie d'aimer une femme honnête,
bonne, pure, que l'on respecte. Comment a-t-elle voulu
de moi? Cela me passe. Je n'ai rien de séduisant. Je suis
laid et je n'ai jamais su parler qu'à des cabotins. Comme
je vais travailler à présent, et avoir du talent.

Je l'aime, si vous saviez, et je vous le dis comme je
n'ose pas le dire à elle-même. Tout est changé en moi,
je vois la vie autrement. Quelle belle chose qu'un amour
sain et pur, que c'est charmant et bon! Je pleure d'attendrissement en voyant ce doux être qui me transforme
d'une si heureuse manière et que ma mère appelle sa
fille. Tous nos malheurs vont finir bientôt, alors vous
reviendrez. Vous me ferez connaître ma petite sœur de
Nice, dont Emma me parle avec son bon cœur. Quelle
femme que cette sœur! Mais vous la connaissez. Je m'arrête, car je me grise en parlant d'elle.

— Que nous conseillez-vous? Attendre, pour nous marier, que Paris soit libre; ou nous épouser tout de suite
à Beaumesnil? Vous auriez une permission pour venir; ce
dernier parti aurait cela de bon, qu'Emma et moi avons
besoin de soleil, et que nous pourrions, le lendemain du
mariage, aller attendre le printemps à Bayonne ou à Pau.
Je peux partir avec ma femme, et non avec ma fiancée. Je
sais que vous auriez assez de confiance en moi pour croire
que je la respecterais, mais les autres! Je ne veux pas
qu'un soupçon puisse effleurer ma bien-aimée Emma.
Elle m'a dit que vous saviez mon amour pour elle. Vous
avez dû penser que j'étais un drôle d'amoureux. C'est que
je l'aimais tant! Je ne suis resté aussi longtemps à Serquigny que parce que j'avais peur d'elle. C'était pour

m'en éloigner que je voulais aller à Bruxelles. Je ne
pouvais pas croire qu'elle pût m'aimer autrement que
comme un bon garçon qu'on voit tous les jours. Jamais,
sans la frayeur où je l'ai vue le jour où nous vous croyions
à Pont-Audemer quand les Prussiens y sont venus, je
n'aurais osé lui dire que je l'aimais. Avec quelle épouvante j'ai attendu sa réponse! Jamais, même dans mes
rêves, je ne l'ai vue autrement que ma femme. Aujour-
d'hui encore, après qu'elle m'a dit : Oui! je doute. Je
m'arrête, j'en pleure de joie. Comme je veillerai avec
amour sur ce bon petit être!

— Aujourd'hui nous avons passé la journée à être
heureux et à causer des absents. Ça a pris tout notre
temps. Ma mère est à Lillebonne depuis deux jours. Elle
est allée consoler la mère de mon pauvre petit cousin
Albert Dupont, mort au Havre des suites de ses blessures. C'est Emma qui dirige la maison. Hier elle nous
a fabriqué un ragout obtenu au moyen d'une combinaison
de beurre et d'étain fondus, des plus réjouissants. Elle
ne veut pas que vous lui sachiez ce talent et me défend
de m'étendre sur ce chapitre, j'obéis. Ne venez pas avant
que nous ayons tous nos papiers. Enfin, demain vous
recevrez une lettre plus calme. Aujourd'hui je suis trop
heureux.

— Quant à notre chère Emma, je vous réponds de son
bonheur. Je ne l'aime pas comme je l'aurais aimée à
vingt ans. J'ai trente et un ans sonnés, et je ne suis plus
attiré par l'inconnu de la femme. Mon amour est doux et
réfléchi, presque austère. Il a poussé ses racines lente-
ment, à mon insu, j'en avais peur. C'est parce que je le
sentais croître, et que je n'osais pas espérer qu'Emma
me le rendrait, que je m'étais sauvé à Serquigny et que
je voulais partir de nouveau. Enfin! ce doux être a bien
voulu m'aimer. Quelle reconnaissance je lui dois. Ce
qu'elle m'apporte, ce n'est pas seulement une mignonne
et charmante femme, c'est le calme, c'est la vie hono-
rable et longue, c'est l'avenir. Je me croyais usé par
quinze ans d'amours malsaines. Non. Emma a réparé

tout cela. Réellement je me sens pur et vierge près
d'elle. Elle va être ma femme, elle m'aime, elle me l'a
dit devant les êtres chers qui font l'amour sacré et le
changent en devoir. Ma mère l'appelle sa fille, et j'ose à
peine la regarder. Je suis heureux d'avoir été malade ;
cela me fait comme une seconde existence qui est toute
à elle. Depuis que je suis ressuscité, je n'ai connu aucune
femme, comme si quelque chose d'instinctif m'avait pré-
venu du bonheur qui devait m'arriver. Moquez-vous de
moi si vous voulez, mon cher frère ; riez de mes naïvetés,
ça m'est égal. Je suis heureux. Ah ! la belle et bonne
chose qu'un amour honnête ! Je vois tout sous un jour
nouveau ; comme je vais travailler pour que ma chère
petite femme soit fière de moi ! A présent il me faut un
nom pour elle. Le temps des chansons en l'air est passé.
Je sens que je peux faire des œuvres sérieusement belles,
et je les ferai. Je lui dois cela pour la remercier de m'a-
voir régénéré. Je vais tout d'abord l'emmener du côté
de Bayonne, afin de lui faire respirer un peu d'air chaud
et la tenir éloignée de ce tumulte hideux qui nous en-
toure.

Cosette remue son bout de queue et se prépare à redevenir mère, mais je vais exercer une âpre surveillance
sur sa conduite.

(8) — Nous avons vu que sa pièce intitulée *Rouen*
était d'une vivacité qui tendait parfois à l'injustice.
Qu'on ne s'en étonne pas trop cependant : il venait de
perdre son cousin, M. Albert Dupont, mort à 22 ans, des ·
suites de ses blessures. Ce qui prouverait qu'il y a moins
de partialité qu'on ne le suppose généralement dans ce
morceau, c'est que notre poëte savait apprécier aussi
bien les dévouements que flageller les làchetés. Voici ce
qu'il disait du maire de son village :

— Si l'on vous parle de M. Bénard, le maire de Beaumesnil, proclamez bien haut sa droiture et son honnê-
teté. Tout le monde en veut à ce digne homme parce
que peut-être seul avec le receveur, il montre du cœur.
Sans lui, on aurait presque laissé coucher dans la rue

les Francs-tireurs qui sont venus. L'abominable clique
des De Maistre était furieuse de voir qu'il faudrait soutenir le regard de ces braves gens, aux mains noires de
poudre. Seuls le père Des Iles et moi nous sommes dé-
couverts quand le drapeau est arrivé. Si à Lizieux ou à
Caen vous pouvez faire mettre une note dans un journal,
dites bien qu'au milieu des maires couards et honteux,
malgré sa commune, M. Bénard est brave. J'admire ce
pauvre vieillard si simple et si bon du plus profond de
mon cœur.

— Il s'est vendu beaucoup d'exemplaires de mon petit
livre (*Rouen*) à Metz. J'en vais publier une nouvelle édition augmentée. Je vous ai dit, je crois, que mon brave
petit cousin était mort au Havre. Le pauvre enfant n'a-
vait que 22 ans.

Quant au *Progrès de l'Eure*, le commandant prussien
a menacé de bombarder Évreux, s'il continuait à prêcher
la défense. Le noble maire d'Évreux, M. Lepousé, a no-
tifié lui-même la sentence, que d'ailleurs il avait provo-
quée, au journal. Je vous envoie le *Journal du Havre*
plein de détails sur Paris. J'attends pour après-demain
les papiers d'Emma. Je vais avoir une place à Bordeaux ;
j'ai hâte de quitter cet infâme pays où, à part peut-être
M. Des Iles et l'excellent M. Bénard, il n'y a que des
lâches et des traîtres qui payeraient pour trahir.

(9) — Je consigne les dernières lettres écrites avant
son mariage, et à propos de lui.

26 Nivôse an 79.

— Ma mère est de retour, et ce n'est pas malheureux,
car sous prétexte d'éviter à Emma la fatigue d'aller chez
le boucher, mon père nous apportait quotidiennement de
la langue de bœuf pour laquelle il a conçu une passion
que nous étions obligés de partager. D'ailleurs rien de
neuf, si ce n'est que nous nous aimons plus que jamais et
que nous espérons être mariés dans huit ou dix jours. Nous
partons aussitôt la cérémonie achevée, cérémonie sans

faste comme bien vous le pensez, et nous venons bien vite
passer quelques jours auprès de vous. Rien de nouveau :
Beaumesnil conserve le secret du calme dans le tumulte.
Le dégel est venu et avec lui le gàchis. Le comte De
Maistre vient de se convertir au catholicisme. Cet ancien
libre-penseur édifie la contrée par sa ferveur. Il me rappelle Beauvallet dans *Polyeucte*. Je continue à faire un
choix de pensées ingénieuses. Voici la dernière : En quoi
un ministre du Très-Haut fait-il songer à l'alphabet? —
Lorsque vers la fin d'une discussion, son interlocuteur lui
dit : Voyons, *abbé, cédez!* — Emma, à qui j'ai fait part
de ce travail d'esprit, m'a répondu que j'étais bête. Cette
cruelle vérité dévoilée aussi brusquement m'a navré.
C'est ainsi que se passe la vie. Dieu! que je voudrais donc
être marié! Je passe bien toute la journée près d'Emma,
mais c'est justement pour ça que je m'en sens loin encore.
Barbotteau est sensible à votre souvenir : aussi, pour en
témoigner sa joie, a-t-il flanqué une pile à sa sœur hier
au soir. Les furets viennent de temps en temps dans la
cuisine et mon père achète toutes les carnassières du
pays.

— Le blocus est fini (13 pluviose an 79); n'ayez aucune
inquiétude. Beaumesnil n'a pas été héroïque, il a tranquillement hébergé ses Prussiens et en héberge encore
jusqu'à la fin du.mois, mais tout se passe en famille et
dans un calme parfait. Je compte recevoir les papiers
d'Emma demain; aussitôt reçus, je la traîne devant l'é-
charpe du père Bénard, et nous allons respirer quelque
part, là où vous serez si vous devez garnisonner encore
un peu de temps. Je ne vous parle pas des choses auxquelles nous assistons, c'est trop pénible. Ah! que nous
avons besoin d'un peu de calme et d'oubli! quelle honte
et quel deuil! sans notre mignonne Emma je ne sais ce
que je serais devenu, tant j'ai souffert. Je viens d'écrire
à Paris. Le cœur me bat en songeant aux réponses que
je recevrai.

(10) — 24 pluviôse an 79.

— C'est fait. Avant-hier au soir, le bon M. Bénard
m'a condamné au bonheur à perpétuité. Une atroce dou-

leur de reins qui m'empêchait de marcher a fait célébrer
le mariage dans ma chambre. C'est MM. Delaplace et
Vannier qui servaient de témoins à Emma; M. Dagoury
et son beau-père étaient les miens. Mon cœur déborde de
joie. Hier nous avons été assez égoïstes pour ne pas avoir
le temps de vous écrire, que le même bonheur vous arrive
bientôt. Attendez-nous d'un moment à l'autre. Encore
trois ou quatre jours de repos et nous allons vous sauter
au cou.

Chez nous on désire la paix, et je crois que la guerre
ne serait que la continuation de nos désastres. Que
cette horrible épreuve soit vite terminée! Je cède la
place à Emma. Nous vous embrassons de toutes nos
forces.

A. G.

— Mon frère chéri,

Oui, — me voilà mariée à mon cher Albert, et je suis
heureuse. Il ne manque qu'une chose à mon bonheur,
c'est de te voir et de t'embrasser de toutes mes forces,
mon bien-aimé frère; mais cela sera bientôt, car nous
quittons Beaumesnil pour aller te voir, aussitôt qu'Albert
sera remis de son indisposition. A bientôt, je t'embrasse
de toute mon âme.

Ta sœur qui t'aime,

EMMA G.

J'ai réuni ces deux lettres pour montrer d'abord avec
quelle ardeur se dévouait cette noble jeune fille, et ensuite combien peu il devait lui rester d'illusions sur le
rétablissement de celui qu'elle épousait quand même,
puisqu'il n'eut pas même la force de se rendre à la maison
commune pour cette importante cérémonie. Et comme
elle fait cela simplement, sans phrases, sans regrets.....
c'est un bonheur pour elle de consacrer sa jeunesse, son
avenir, à ce cher malade déjà condamné par les médecins!

(11) — Il écrivait de Trouville :

— Je croyais revoir mon pauvre frère : le malheureux enfant, après avoir été enveloppé dans le désastre de Bourbaki, ramassé à moitié mort dans la neige, fait prisonnier, vient d'être réexpédié à Alger! Dépêchez-vous de nous revenir. Nous sommes sur votre route. Si vous étiez là, nous serions tout à fait heureux. Je jouis d'une chose qu'on appelle un zona. Ce n'est pas gai. Je ne sais rien d'atroce comme cette douleur, qui a le privilége de vous rompre les reins. Ça n'attaque en rien les organes, c'est purement extérieur, mais extérieur à la façon d'une forte dégelée de coups de bâton. Enfin ça va passer.

Dussiez-vous en être indigné, je vous avouerai que plus je vais, plus je me sens amoureux d'Emma, et ça prend la tournure de continuer toujours comme ça. Quel trésor! Je suis obligé de me pincer pour me persuader que je ne dors pas quand je me dis que c'est ma femme. Cosette devient d'une exigence incroyable, par exemple. C'est la personne la plus importante du ménage. On ne peut rien faire sans sa permission.

(12) — 21 Août 1871.

— Le contentement de vous savoir enfin arrivé au but charmant que vous souhaitiez m'a fait faire cinquante pas de plus et m'a enlevé une palpitation de côté qui me gênait. Emma engraisse comme une petite caille. La chère créature se repose, respire le bon air, le bon air n'est pas le mot, car il fait un odieux temps d'orage depuis notre arrivée à Lillebonne. Pluie, vent, tonnerre; mais c'est la même chose à Paris, et pis encore. La veille de notre départ, Emma a vu Larochelle chez Banville, et Larochelle lui a confirmé de vive voix l'intention qu'il a de jouer mon drame. J'ai reçu les quatre premières feuilles de *Gilles et Pasquins*. Vienne le beau temps et tout va pour le mieux. Quand revenez-vous à Paris? Attendez, si cela se peut, le 15 septembre, nous aurons la chance de rentrer en même temps. Avez-vous vu Ardigo? Je vais vous envoyer cent francs pour lui dans quelques jours. Danjou nous a donné des nouvelles de·*Trompette*, qui est déjà corrompue comme l'égout collecteur et se conduit d'une manière infâme. Telle est la vie moderne à Lillebonne. Nous mangeons chez ma tante une cuisine faite exprès pour Emma et pour moi, des viandes robustes et saignantes. Quand je serai tout à fait bien, mon oncle Gustave a acheté un bateau et nous promènera sur la Seine de Taucarville à Villequier. En attendant, nous prenons nos ébats dans une cour que l'on met à notre disposition, un endroit vert, planté d'arbres, au bord de la rivière.

Lillebonne, Seine-Inférieure.

— Le 11, nous allons à Beaumesnil. Continuation du mieux. Avant-hier, Emma et moi sommes allés voir la tombe de Madame Victor Hugo à Villequier. Je travaille à mon drame pour le théâtre Cluny, Il vient à merveille et je crois à un succès d'amour-propre autant que d'argent. Larochelle, qui a vu Emma chez Banville, lui a confirmé de vive voix la réception de ma pièce. J'ai de la copie au *Charivari*, à l'*Éclipse*, à l'*Illustration* et à la *Gazette de Paris*, et la santé revient.

On m'écrit que *Trompette* grandit et que jamais on a vu de chienne aussi parfaite. Danjou joue Athos au Châtelet. Lemerre m'envoie de somptueuses épreuves de *Gilles et Pasquins*. Emma (je vous jure que c'est vrai!) a emporté son atlas de géographie dans sa malle. Ça lui sert à confondre Nantes et Mantes et à chercher Brest dans les environs de Toulon. Voilà!

Lillebonne, 3 Septembre 71.

(13) — Son drame avait d'abord dû être joué à Cluny.

— Le manuscrit de mon drame part avec cette lettre. J'ai profité de l'occasion pour demander deux places que l'on vous enverra. Vous verrez le *Juif polonais*, qui est une charmante chose. Voici un mot pour Verteuil au Théâtre-Français. La lettre de Landral vous servira pour le lendemain. Antonine vous donnera des places pour le Vaudeville; enfin voici un mot pour Désiré, que vous trouverez toujours dans l'après-midi au café des Bouffes-Parisiens. Envoyez-moi un journal où se trouvent les distributions des pièces, l'*Entracte*, afin que je voie qui je connais au Château-d'Eau. D'ailleurs, le 4 octobre au plus tard nous serons à Paris. J'ai une idée superbe pour tous deux. Au lieu de faire des choses écourtées pour le *Charivari* qui paye comme un pleutre, je vais faire à mon compte la même chose dans un petit journal-brochure hebdomadaire. Vous vous occuperez de l'administration, vente, et abonnements, et moi je ferai les vers. Motus là-dessus. Je compte m'atteler prochainement à une grrrrande comédie en cinq actes. Mais la question d'actualité est celle de l'*Illustre Brizacier*. Si je pouvais obtenir un succès! J'ai le trac pour la première fois. Emma trouve que c'est superbe, mais je la crois prévenue en ma faveur. Enfin!

— Ci le billet adressé à M. Désiré, au théâtre des Bouffes :

La princesse de Trébizonde
Charme les peuples et la cour.
On veut voir cette vagabonde :
La princesse de Trébizonde.
Lâche-moi donc deux places pour
Que je dise avec tout le monde :
La princesse de Trébizonde
Charme les peuples et la cour.

— Ses pressentiments ne furent que trop justifiés :

— Après-demain Lundi, nous arrivons à Paris par l'express, c'est-à-dire à cinq heures du soir ou dans les environs. J'ai reçu ce matin une fâcheuse et ennuyeuse nouvelle : mon drame ne fait pas l'affaire de Larochelle. Je vais tâcher de le caser ailleurs.

— C'est alors qu'il présenta sa pièce à l'Odéon; la gaîté lui revint un peu.

— XIIIe jour des calendes de septembre, an 2619 de la fondation de Rome; ancienne fête de l'empereur; an-

niversaire du jour où la sainte Vierge fut ravie au ciel en
entendant chanter Capoul, ce qui valut un fort engagement à ce ténor.

Si le *Rappel* que je vous envoie est ainsi déchiré, c'est
à la suite de l'inauguration d'un hamac dont nous jouis-
sons grâce aux libéralités de Danjou. Il (le *Rappel*) se
trouvait sous mon derrière et la puissance de ce monu-
ment l'a effondré. Cependant si cette littérature meurtrie
peut faire votre bonheur, soyez-le.

L'Odéon reprend *le Bois* tout de suite et j'ai bon espoir
pour *Brizacier*, qui d'ailleurs y sera beaucoup mieux
joué que chez la famille Coquelin.

Dites à Trompette que je lui pardonne ses infamies
anciennes, en faveur de sa belle conduite. Sa sainte et
digne mère n'a plus l'air d'un sac, c'est un ballon. Javotte
est digne dans sa crapulerie.

Emma essaie de se livrer à la confection des calem-
bours, afin de se créer une ressource pour ses vieilles
journées. Je vais recommencer à travailler, mais j'ai
renoncé à marcher. Impossible maintenant de faire plus
de cent pas sans être brisé. C'est comme ça, je n'en suis
pas réjoui au-delà de toute expression ; mais quand je me
casserais le nez en heurtant mon derrière sur le pavé
sonore, selon la méthode de la mère Chatillon, en serais-je
plus avancé? — Je terminerai cette lettre, si cela peut
vous faire rire, en vous avouant que j'ai mal aux dents
et que je me livre à des consommations de camphre
effrayantes. C'est tout.

— Mardi 17 novembre, nous nous mettons en route
pour la ville de Bayonne. J'emmène Javotte, Emma et
Cosette. Cosette ira dans la cage; Javotte a un panier
spécial; quant à Emma, je crois qu'on pourra la laisser
libre dans le wagon. Mes affaires sont à peu près arran-
gées à l'Odéon, et je crois que nous pourrons passer l'hiver
tranquillement. Depuis une dizaine de jours, je ne souffre
plus, ou du moins si peu que ce n'est pas la peine d'en
parler. Il est vrai que pour contrebalancer ce mieux, j'ai
été ennuyé toute la semaine par un fort mal de dents qui
s'est terminé en fluxion.

On a donné avant-hier à l'Odéon une scène de Coppée
qui n'a réussi que médiocrement. Ça m'ennuie parce que
Duquesnel sera convaincu que les pièces en un acte ne
doivent pas réussir, puisque celles de Coppée remportent
leur veste. Emma, à qui je demande si elle a quelque
chose à vous faire dire, manifeste son mépris pour la
manière dont je traduirais sa pensée, en me répondant
qu'elle vous écrira *elle-même!!!* Voilà.

Chez nous rien de neuf, il pleut toujours à verse. Emma
en profite pour laisser Cosette dehors une demi-heure
tous les matins, après quoi elle s'écrie : pauvre bête!
mais ça n'empêche pas Cosette d'être trempée. Je vais
un peu mieux, après tout il ne fait pas froid. Berton ne
m'a pas encore écrit. Je vais retirer mon manuscrit et le
faire imprimer. Je vois bien que Duquesnel n'en veut pas
et qu'il ne reprendra point *le Bois*, ainsi qu'il me l'avait
promis. L'occasion se présentait avec son spectacle ac-
tuel. C'est un pignouf. Tâchez de voir Dumaine, ça vous
sera facile en allant au Châtelet, un soir; Danjou vous
conduira chez lui. Vous lui direz qui vous êtes, et lui
demanderez des nouvelles de *Brizacier*. Il ne peut le
prendre qu'à la condition d'avoir une pièce en trois actes
pour marcher avec. Aussi je n'y compte pas trop. Je vais
lui proposer une traduction de *Cymbeline*, ça aurait plus
de chance. Dites à Lemerre de m'envoyer le livre de
Sylvestre et ce qu'il a de réjouissant en nouveautés.

— Cher monsieur Salvador,

Voulez-vous avoir l'obligeance de remettre le manuscrit de mon drame : l'*Illustre Brizacier*, que j'ai déposé
à l'Odéon il y a cinq mois, à M. Victor Garien qui vous
portera ce billet. Je vois bien que M. Duquesnel n'aura
jamais le temps de le lire, il est donc inutile qu'il en-
combre ses cartons plus longtemps.

28 décembre 1872. — 19, rue des Faures. Bayonne.

(14) — Qu'on me permette de rapporter ici quelques-
uns des témoignages d'estime et de respect que reçut la

malheureuse veuve, à l'occasion de cette mort déplo
rable.

— Hauteville-House, 19 avril 187?.

Madame, que vous dire? Je suis accablé. Vous savez
comme je l'aimais. C'était une âme charmante. De là sa
poésie. Vous perdez le compagnon de votre cœur, nous
perdons le frère de notre pensée. Je n'ai pas de parole
pour vous exprimer mon chagrin, et je le mets aux pieds
de votre douleur.

Victor HUGO.

— Chère Madame,

Ayant changé de domicile, j'ai appris quelques heures
trop tard la triste nouvelle qui nous frappe tous, et j'ai
vivement regretté de ne pouvoir rendre le dernier devoir
au poëte et à l'ami.

M. Mendès est à Bordeaux et cette mort a dû l'affliger
profondément.

A vous, Madame, qui avez rendu plus douces les dernières années de celui que nous regrettons, on doit de la
reconnaissance et de l'admiration.

Vous devez chercher une consolation dans la certitude
que matériellement ses souffrances sont finies et que le
poëte est toujours vivant.

Recevez, Madame, l'assurance de ma profonde
sympathie.

Judith MENDÈS.

— Madame,

A l'heure où on portait notre cher poëte à son dernier
asile, j'écrivais, auprès de ma mère malade, un article
que vous lirez dans l'*Indépendance belge* et où je rendais
un hommage au pauvre Glatigny et à vous, Madame, qui
l'avez aimé, consolé, et qui l'eussiez sauvé si la maladie
pouvait pardonner. Excusez-moi donc d'avoir obéi à la

nécessité en n'allant pas rendre à ce loyal ami le dernier devoir et recevez, Madame, avec l'expression de ma tristesse, l'assurance de mon dévouement et de mon respect.

Jules CLARETIE.

19 avril 1873.

— Comme complément à ces notes, qu'on me permette de reproduire ici deux articles dus à M. Emmanuel des Essarts, sur notre poëte, et qui ne m'ont été communiqués que lorsque mon travail était presque achevé. — Le lecteur me saura gré, sans doute, de les avoir recueillis, tant pour les éclaircissements qu'ils peuvent fournir, que pour les qualités qu'ils renferment, venant d'une plume aussi généralement estimée.

POËTES NOUVEAUX

ALBERT GLATIGNY

VIGNES FOLLES ET FLÈCHES D'OR

En ce moment où François Coppée et Sully Prudhomme tiennent le premier rang parmi les jeunes poëtes, il n'était pas sans intérêt de leur trouver un rival dans la personne d'Albert Glatigny. Beaucoup trop négligé depuis ses improvisations, qui n'ont pu que lui nuire dans l'esprit des lettrés, Glatigny méritait cette restitution de ses poëmes qu'a entreprise Alphonse Lemerre. Toutes ces poésies avaient trop compté à leur apparition pour rester ensevelies. Les voilà ressuscitées : nous en félicitons le poëte, nous en remercions l'éditeur.

Qu'ils soient donc les bienvenus, ces poëmes de Glatigny. Par la date de leur éclosion, ils nous rappellent les dernières heures de l'adolescence, les premières heures de la jeunesse. Un jour, le pauvre Philoxène Boyer nous dit : « Un poëte est né, » et c'était bien un poëte qui venait de naître. Malgré les inégalités regrettables de son œuvre, Glatigny est poëte de race; car il est spontanément lyrique. Que cet éloge lui soit acquis, le plus précieux de tous. N'en déplaise aux amateurs de l'inten-

sité, rien ne dénonce plus un poëme que l'étendue et la
plénitude du souffle. Or Glatigny possède plus que qui
que ce soit ce souffle prolongé; sans délayage, il est
aussi naturellement abondant que d'autres jeunes con-
temporains sont stériles et prétentieusement essoufflés.

C'est cette ampleur sonore et lumineuse que nous
appelons le caractère distinctif des poésies d'Albert
Glatigny. Il a le sens du grandiose qu'il a introduit
même dans la galanterie (*les strophes à une comédienne,
Chlotilde, la Bacchante apprivoisée*). Il est bien d'origine
normande, de la famille des Malherbe, des Maynard, de
Corneille. Ses vers si drus et si spacieux, vierges de
toutes ces harmonieuses chevilles que se permettent les
maîtres, nous ramènent aux plus belles époques de la
langue. Dans un certain nombre de ces poëmes aussi
largement mélodieux, le fond est vraiment d'accord avec
la forme. L'inspiration de ces strophes sereines est en
général une pensée d'insensibilité plastique et contem-
plative ou de solennelle tristesse (*Circé, la Course, le
Repos*, etc.) De part et d'autre, cette solennité et cette
impassibilité relèvent par l'expression ce que le détail
des idées peut avoir de mal plaisant. Ainsi cette fré-
quente invocation de la chair deviendrait fastidieuse, si
la distinction de l'art ne lui avait été imprimée. De même
ces élans d'un sensualisme contempleur de la femme ne
peuvent s'admettre que par la vertu purifiante et assai-
nissante de la forme parfaite. C'est faire à moitié œuvre
de moralité que faire acte de grand écrivain : à ce prix,
bien des hérésies en matière de sentiment sont atténuées
et corrigées à nos yeux. Une réserve d'ensemble peut
subsister, mais le détail est sauvé.

— *Les Antres malsains.* — Que l'on rapproche ce
poëme de la satire de Régnier sur le même sujet répu-
gnant, et l'on sentira la différence des siècles bien à
l'avantage du nôtre. Ce qui égaye le brave Régnier navre
le poète moderne. Régnier ayant à peindre le monde de
la prostitution, ne soupçonne pas qu'à un moment donné
il ait pu s'épanouir des âmes chez ces créatures aviliés.
Glatigny, sans vouloir régénérer ces âmes, stérile entre-

prise, se demande si elles n'ont pas lui et rayonné jadis,
et se désole de leur obscurcissement. De quel côté la
moralité même est plus grande? là où réside non plus
l'indifférence libertine, mais la conscience du bien et du
mal, le souci vengeur de la pudeur immolée. Où Régnier
ne voit que des souffre-plaisir, Glatigny voit des souffre-
douleur et sait les plaindre.

(Chronique universelle.)

GILLES ET PASQUINS

— A. Glatigny, ce maître improvisateur, cet abondant
lyrique des *Vignes folles* et des *Flèches d'or*, se présente
avec un volume d'Odes satiriques, recommandé par ce
titre caractéristique : *Gilles et Pasquins*. Ce volume a
paru au jour le jour, dans la fièvre des bons combats de
69 et 70 contre l'empire chancelant; il sent la poudre
et, comme l'enfant grec de V. Hugo, il semble manier
des balles en guise de rimes. Pour les *Gilles et Pasquins*,
ce sont nos adversaires de la veille, tapis aujourd'hui
dans l'ombre des complots quand ils n'affrontent pas la
tribune avec l'impudence d'un vice-empereur. Ces fan-
toches qui passent sous nos yeux, tour à tour pilorié,
c'est Rouher, Ollivier, Duvernois, Cassagnac, et toute
la séquelle des journalistes de même farine : les Wolff,
les Rogat, les Marx. Bonne justice faite en beaux vers
impétueux, railleurs, ardents, débordant même de passion, de sainte colère et de libre jeunesse! Nous pourrions cependant faire quelques chicanes à l'écrivain qui

se ressent quelquefois des hâtes et des licences de l'improvisateur, mais d'ensemble le style est solide et nerveux. Et quelle façon toujours poétique de dire les choses les plus prosaïques dans leur essence. Être lyrique en persiflant Dréolle, Janvier de la Motte ou d'Albuféra, c'est être deux fois lyrique. On dirait une fustigation appliquée avec le fouet du cocher qui guide les chevaux du soleil.

Nous signalerons surtout, dans ce brillant volume, *Églogue, les Rois s'en vont, les Jumeaux, à Pierre Véron, Versailles*, dans la note dominante, et à côté de cette note quelques morceaux d'une grande valeur : *Gautier à l'Académie, le Revenant, Roman comique, à Alexandre de Bernay*.

Il nous reste à souhaiter un nouveau volume inspiré par la même Némésis au masque de Thalie. Nos adversaires sont de ceux dont on rit avant de s'en courroucer :

Vous seriez des bourreaux si vous n'étiez des cuistres,

leur a dit depuis longtemps Victor Hugo ; Victor Hugo qui, dans la poésie patriotique et républicaine, est comme partout ailleurs le maître, et que nous reconnaîtrons et glorifierons une fois de plus dans les vers admirables de *l'Année terrible*.

(*Le Gard républicain*).

FIN DES NOTES.

APPENDICE

J'ai réuni, sous ce titre, quelques pièces jetées aux quatre vents de la publicité, par le poëte, et qui seraient perdues, probablement, à tout jamais, sans cette précaution.

Certes, toutes ces pièces sont loin d'avoir une égale valeur littéraire; mais l'ensemble forme un tout qui dépeint parfaitement les différentes phases du talent de leur auteur, et c'est à ce titre surtout qu'elles doivent d'avoir été associées ici.

COMÉDIE ERRANTE

—

A JULES CLARETIE

Les comédiens étaient réunis dans la cour de la petite maison. Le cercueil attendait qu'on vînt le prendre. Un chien jaune léchait mélancoliquement les mains du maigre Casimir. Les voisins regardaient cette chose curieuse, l'enterrement de la petite fille d'un acteur.

Huit jours avant cette journée de deuil, la petite Rose jouait avec les enfants de la bourgade, fière, heureuse, récitant des lambeaux de tirades retenues pendant qu'elle écoutait sa mère étudier ses rôles. C'était lumineux et charmant, ce bébé de six ans, affectant des airs de petite femme. Quand les comédiens la voyaient, ils oubliaient les recettes mauvaises, l'incertitude où l'on était de savoir si l'on mangerait demain, les critiques de la feuille locale. Puis, brusquement, Rose se mit au lit. On ne savait ce qu'elle avait, et le soir, pendant que le père jouait Blancmignon, dans la *Femme aux œufs d'or*, on vint lui dire que sa fille était morte. Il fut impossible de finir le spectacle. Casimir vint annoncer aux rares spectateurs le malheur qui frappait son camarade et pria le public de ne pas exiger qu'un père et une mère affolés continuassent à réciter des choses joyeuses. On siffla et plusieurs personnes réclamèrent leur argent.

Quand il fallut enterrer l'enfant, ce fut une grande affaire. On était pauvre. Comme il n'y avait pas de mont-de-piété dans la petite ville, Marthe, la jeune-

première, vendit ses boucles d'oreilles, ses uniques
bijoux, à un horloger qui en donna quinze francs. Deux
comédiens allèrent chez le curé qui, la semaine précé-
dente, était monté en chaire pour défendre à ses parois-
siens d'aller au théâtre. Le curé refusa d'abord de les
recevoir, examina longuement le contrat de mariage du
père et de la mère de Rose et finit, le prix débattu, par
dire qu'il enverrait son vicaire.

Les gens de la ville étaient scandalisés de voir que
l'on inhumât l'enfant d'un comédien en terre sainte.

Le jour venu, le vicaire arriva précédé d'un enfant de
chœur. L'enfant de chœur pleurait. C'était un petit camarade de Rose. Toute la pauvre troupe était là ; douze
malheureux, graves, muets. Le père de Rose avait un
gilet rouge. L'habit noir, on le gardait pour le théâtre :
c'était le gagne-pain. Après quelques prières marmottées
indifféremment par le vicaire, un paysan prit le cercueil
sous son bras et l'on se dirigea vers l'église.

Le soleil frappait gaiement sur les maisons à volets
verts. On se mettait aux fenêtres pour voir passer le
cortége, et sur la route on entendait de ces choses :

Pauvre petite fille, c'est un grand bonheur pour elle
que d'être morte ! — Qu'est-ce qu'elle aurait fait au milieu de ces païens ? — Il paraît qu'ils avaient déjà
commencé à la désosser. — Il y a un mois que la gendarmerie cherchait une petite fille volée par des comédiens. — C'est peut-être elle. — Tiens, voilà le père,
c'est le petit rouget qui nous a fait tant rire. — C'est le
Paillasse. — On m'a dit qu'ils battaient l'enfant. — C'est
leur métier qui le veut.

Le père sanglotait et voulait tomber à coups de poing
sur ceux qui tenaient ces propos. Le directeur le contenait en pleurant avec lui.

Quand on fut à l'église, le vicaire eut l'air de demander
pardon à Dieu du sacrilége qu'il commettait.

« Tu n'entres pas? dit le comique à Casimir.

— Non ! je reste là avec mon chien, je casserais tout.
Ce misérable vicaire avec son visage scandalisé ! Reste
avec moi, nous prendrons une chopine ensemble pendant
le temps que ça durera. Nom de Dieu!.. »

Les commères du quartier poussèrent de hauts cris en voyant les deux comédiens boire leur chopine. Cette absence de religion les scandalisait. Le chien jaune montrait les dents.

La cérémonie de l'église était enfin terminée. On se mit en marche vers le cimetière. Le père fourrait machinalement son pouce dans le fourneau de sa pipe vide. Les femmes pleuraient.

« Comment ferons-nous, mon pauvre vieux? disait le directeur à Casimir. Il n'y a pas moyen de faire relâche. Il faut jouer demain.

— Eh bien! Nous jouerons. On coupera le rôle de Martin, voilà tout. »

Le vicaire aspergeait le trou noir, sur le bord duquel le chien se tenait, triste, la queue entre les jambes. Il se dépêchait, et semblait avoir hâte d'être débarrassé de cette corvée. Il tendit le goupillon aux acteurs et se sauva bien vite, furtivement, en poussant un soupir de soulagement. Le fossoyeur combla le trou; et comme les comédiens restaient immobiles, sans pensée, anéantis, devant la fosse :

— Allons, allons, mes enfants, dit le directeur, il faut répéter!

BALLADE

EN RIMES MASCULINES

Printemps, étoiles, vous amours
Constants de ma jeune saison,
Ce n'est plus vous! adieu! je cours
Au devant d'un autre horizon.
Mon âme, avec un long frisson,
Demande au soleil de l'été
D'épanouir ta floraison,
Bel arbre de la liberté!

Le cri jeté par les faubourgs
Contre l'orgueil de l'écusson,
Trop longtemps nous a trouvés sourds,
Silence au bois, chant du pinson,
Je ne veux plus d'autre chanson
Que l'hymne divin écouté
Près de ta large frondaison,
Bel arbre de la liberté !

Nous ne dormirons pas toujours.
Notre âme longtemps en prison
Dans sa caverne comme l'ours,
Brise enfin l'épaisse cloison.
Et l'astre pur de la raison
Baigne ton feuillage enchanté,
Protecteur de notre maison
Bel arbre de la liberté !

ENVOI

Concorde, amour, douce moisson.
Réjouis le sol dévasté,
Voici des épis à foison,
Bel arbre de la liberté !

IL N'AIMAIT PAS LE BŒUF

— Ah ! c'est toi, Nicéphore, tu viens dîner, mon garçon. Eh ! eh ! on est encore heureux, quand on mène la
vie que tu mènes, la vie d'*artisse!* de trouver tous les
dimanches son couvert chez papa. Eh ! eh ! ça ne t'arrive
pas tous les jours de dîner ! Allons, mets-toi à table.
Prends ta serviette. Eh ! eh ! quand tu te serres le ventre
dans ta chambre, le matin, tu n'as pas une belle serviette
comme ça, hein ! Tu fais la grimace ? Ah ! c'est vrai, tu
n'aimes pas le bœuf !

Il te faut des poulets rôtis. En manges-tu souvent des poulets rôtis? Eh bien, moi, moi qui t'ai fait donner la belle éducation que tu as, je n'avais rien, en commençant, mais j'aimais le bœuf. J'en mangeais tous les jours. Toi, tu n'aimes pas le bœuf!

Tiens, quand tu étais tout petit, je demeurais dans la rue des Saints-Pères, dans cette même maison où tu viens dîner, où il y a de bonne soupe grasse, du bon bœuf, du bon feu dans la cheminée... Réchauffe-toi, mon garçon. Eh bien! il fallait payer un sou pour passer sur le pont des Saints-Pères. J'avais affaire quatre fois par jour dans Paris. Toi, tu aurais passé sur le pont des Saints-Pères. Moi, je faisais un détour pour gagner le pont Royal. C'est comme ça qu'on fait les bonnes maisons, et j'aimais le bœuf. Je ne crachais pas dessus. Mais toi, il te faut des grands restaurants. Y dînes-tu souvent dans les grands restaurants, avec tes meurt de faim d'*artisses*? Ils n'aiment pas le bœuf, les *artisses!*

As-tu connu M. Rognard? Il fait des *versses*, M. Rognard, comme toi, mon garçon. Il n'aimait pas le bœuf, celui-là. Un jour, il vient chez moi:

« Monsieur Quemin, qu'il me dit, figurez-vous que ce matin j'ai fait ces *versses* et que cela va me rapporter trois cents francs.

— Eh bien! tant mieux pour vous, monsieur Rognard, que je lui dis.

— Mais, monsieur Quemin, il faut que je les porte au journal, qu'il me dit. Prêtez-moi six sous pour prendre l'omnibus.

— Monsieur Rognard, que je lui dis, quand je n'ai pas d'argent pour prendre l'omnibus, je vais à pied. A bon entendeur, salut. Mais j'aime le bœuf! »

Voilà, mon garçon! Tu te souviens du père Sauvageal, le marchand d'habits à qui tu vendais les vêtements que je te faisais? Il aimait le bœuf, lui; aussi il était riche quand il est mort!

Toi, tu n'aimes pas le bœuf. Tu fais le dégoûté. Tant pis pour toi. Tous les dimanches, tu trouveras du bœuf chez moi. Si ça ne te convient pas, n'en mange pas, mon garçon; eh! eh! d'autres le mangeront.

Vois-tu, quand on méprise le bœuf, on commence par être mieux habillé que toi. Voyons, mon garçon, tu as froid avec ce petit paletot. Ne serais-tu pas mieux avec un bon vêtement sur les épaules, qui te tiendrait chaud, qui te ferait prendre en considération par les personnes haut placées? Non, tu aimes mieux faire le fier. Tu n'aimes pas le bœuf. A ton aise!

- Oui, je t'ennuie, tu veux t'en aller. Tu veux aller rejoindre tes amis, ceux qui t'ont régalé toute la semaine, parce que tu n'avais pas le sou. Tu te dis :

« Eh! si papa me donnait cent sous! Je payerais à mon tour! »

Les voilà, les cent sous. Les vois-tu? Regarde cette belle pièce blanche. C'est en mangeant du bœuf, et rien que du bœuf que j'en ai amassé beaucoup comme cela. Tiens, je la remets dans mon gousset.

Tu te dis encore : « Si seulement je pouvais avoir trois francs? » Non! non! tu n'auras rien ! rien! rien!

Allons, tu me fais pitié. Tiens, voilà vingt sous. Mais, c'est la dernière fois que tu recevras quelque chose de moi. A dimanche prochain, Nicéphore, à dimanche. Souviens-toi de ceci : quand on n'aime pas le bœuf, on n'arrive à rien. Le grand Napoléon aurait été bien heureux d'en manger, du bœuf, pendant la retraite de Russie. Il te valait bien, n'est-ce pas, quoiqu'il ne fît pas de *versses*. Adieu, mon fils, dimanche prochain il y aura du bœuf!

LUCRÈCE BORGIA CORRIGÉE

A monsieur François Polo, directeur du journal l'Éclipse, 16, *rue du Croissant, Paris.*

Monsieur,

Le hasard, ou je crois la malice d'un neveu qui fait

son droit à Paris, m'a conduit l'autre jour au théâtre de
la Porte-Saint-Martin, où l'on représentait une tragédie
intitulée : *Lucrèce Borgia*. Ce long tissu d'horreurs m'a
révolté, comme il doit révolter tous les honnêtes gens.
D'abord cette tragédie, au lieu d'être en vers, est écrite
dans une prose rampante et triviale. J'y ai relevé des
expressions telles que : *Gibet, vêpres, corbacque* (je ne
sais pas ce que veut dire ce mot), *oison*, etc... La princesse dit : *Hein!* en propres termes. Enfin la règle des
trois unités est violée dans cette affabulation dramatique avec un oubli de toutes les convenances vérita-
blement affligeant. Le célèbre M. Armand Mallet, du
journal *le Pays*, est de mon avis, lorsqu'il dit si éloquemment : « *Car moi qui vous parle* (lui, M. Mallet),
je ne crains pas de déclarer que M. Victor Hugo est le
plus triste modèle littéraire que l'on puisse suivre. » Je
cite de mémoire, mais le « *moi qui vous parle* » est
textuel.

Cependant, Monsieur, dans ce monstrueux amas de
trivialités et de choses choquantes pour le bon goût, il
faut bien reconnaître certaines qualités dont l'auteur eût
pu tirer un meilleur parti s'il avait été nourri d'études
sérieuses. On pourrait extraire une jolie tragédie de
Lucrèce Borgia, qui ne blesserait ni le bon sens, ni la
vraisemblance, ni d'autres choses.

Notre illustre Voltaire a fait un chef-d'œuvre de grâce
et de sentiment, *Zaïre*, avec le monstre de Gilles Shakespeare, *Othello*. Il a remplacé par une douce émotion
les brutalités qui fourmillent dans la pantalonnade an-
glaise, et, nouveau Virgile, a su trouver quelques perles
dans le fumier d'Ennius.

Comme Gilles Shakespeare, ce M. Victor Hugo est un
barbare frotté de génie. Je cultive les Muses, Monsieur,
et j'ai tenté de faire pour *Lucrèce Borgia* ce que Voltaire a fait pour *Othello*. Votre estimable journal étant
la seule feuille sérieuse que j'aie eu le plaisir de lire
depuis la *Quotidienne*, je vous offre la primeur de mon
travail. Si cet humble fruit de mes loisirs pouvait tenter
M. Édouard Thierry, je lui remettrais ma tragédie, et le
public éclairé pourrait jouir des quelques beautés réelles

que j'ai trouvées dans l'œuvre informe que l'on joue au boulevard.

Je vous envoie la dernière scène de mon ouvrage ; je laisse dans la coulisse ces hideux cercueils dont la vue est repoussante. Je me suis cru obligé aussi de changer les noms baroques de la plupart des personnàges. Ainsi, j'ai appelé Rustighello : Alonzo ; Oloferno : Léon, et Gubetta : Alvare, imitant en cela Ducis, qui a transformé le nom ridicule d'Iago en celui beaucoup plus harmonieux de Pezarre, et fait Odalbert de Brabantio.

Enfin, Monsieur, jugez, d'après le fragment que je vous envoie, si *Lucrèce Borgia*, ainsi remaniée, ne donnerait pas matière à un spectacle digne du premier peuple du monde.

Je suis avec respect, Monsieur, votre très-humble et très-obéissant serviteur,

DORLANGE *(Cadet)*.

LUCRÈCE BORGIA

ACTE CINQUIÈME, SCÈNE HUITIÈME

DON ALPHONSE, — ALONZO, — *Gardes*

DON ALPHONSE

Eh bien ! cher Alonzo, fais-moi de ton message
Un fidèle récit. Dis-moi si mon outrage
Dans le sang du perfide enfin est essuyé.

ALONZO, *lui montrant les gardes.*

Mais, Seigneur, ces témoins, quelle nécessité
Les ferait confidents de ce récit funeste?

DON ALPHONSE, *les congédiant.*

Sortez, braves guerriers, soutiens des princes d'Este.

(*Les Gardes sortent*).

Par ce, cher Alonzo, ce palais est discret.
Le traître dont l'audace avait cru.....

ALONZO

C'en est fait.

DON ALPHONSE

Il n'est plus?

ALONZO

Atropos a fermé sa paupière.

DON ALPHONSE

Et la princesse?

ALONZO

Hélas! Elle a vu la lumière
Pour la dernière fois.

DON ALPHONSE, *au comble du désespoir.*

Jour exécrable, affreux!
O prince infortuné! Ces lamentables lieux
Sont-ils donc le séjour de la Parque cruelle!
Fais-moi tout le détail de sa triste nouvelle.

ALONZO

Pour le pompeux festin tout était préparé,
Les tissus d'Orient brillaient à la clarté
Des lumières qu'on prend à la docile abeille;
Dans les coupes coulait le doux jus de la treille,
Le nectar que l'on cueille aux monts syracusains.
Déjà Momus dictait quelques joyeux refrains,

Et de jeunes beautés, qu'embellissaient encore
Les métaux précieux mêlés aux dons de Flore,
Versaient aux imprudents la volupté, l'amour.
Malheureux! leur bonheur devait n'avoir qu'un jour;
Dans leurs veines déjà courait un feu perfide,
Funeste résultat d'un breuvage homicide.
Quand tout à coup, Seigneur, après les chants joyeux,
L'écho vint répéter ces cantiques pieux
Dont les pontifes saints ont bercé notre enfance
En nommant l'Éternel et sa Toute-Puissance.
Don Alvare avait fait éloigner les Phrynés
Dont le charme perdit ces jeunes insensés.
C'est alors qu'apparut à leurs yeux la princesse...
Ah! Seigneur! pardonnez ces pleurs à ma tristesse!
On lisait sur son front le courroux, la fureur;
Derrière elle marchaient les prêtres du Seigneur,
Les ministres de paix, d'amour et de justice.
Chacun comprit alors quel secret artifice
Les avait amenés aux portes du trépas.
Quand le traître, Seigneur, dont nous suivions les pas
A Venise, jadis, fit voir à la princesse
Qu'un même coup frappait l'objet de sa tendresse
Ainsi qu'il atteignait ses lâches ennemis.
On les laisse tous deux d'épouvante interdits,
Mais Gennaro soudain, armant son bras d'un glaive,
Vole vers la princesse et sur son front le lève.
Malheureux! lui dit-elle, arrête! un même sang
Dans nos veines circule! O tableau déchirant!
Le cruel n'entend rien. Dans l'ardeur qui l'enflamme,
Il plonge et plonge encore son homicide lame
Dans le sein... Ah! Seigneur! je ne puis contenir
Une juste douleur et j'ai peine à finir
Ce funeste récit d'un forfait lamentable.
Votre épouse en mourant s'écrie : O fils coupable!
Tu viens d'ouvrir les flancs qui jadis t'ont porté!
Tous les deux à ces mots, Seigneur, ont expiré..

DON ALPHONSE, *égaré.*

O jeux sanglants du sort! ô race de saint Pierre!
A quel comble d'horreur, hélas! et de misère

Les destins t'ont vouée! hélas! je vois déjà
Ton dernier petit-fils, aux champs de Mentana
Exciter au combat les enfants de Bellone!
Coupable et chère épouse à qui mon cœur pardonne,
Reviens, accours! mais non! Pour qui sont ces serpents?..
Quoi! le soleil a vu des forfaits aussi grands!..
Partons, cher Alonzo! viens; que cette aventure
Apprenne à respecter les lois de la nature!

FIN.

Pour copie conforme :
ALBERT GLATIGNY.

LES DOLÉANCES DU BRIGADIER FRITZ

Nom te Tié, mossié, le chentarmerie tefient un fichu
métier. Autrefois, il y afait tes foleurs que c'était un
blaisir. On faisait cine, teusse, troisse, quadre arresta-
tions bar jour. Quelquefois même on tisait au voleur :
Mon ami, ce sera pour temain. Allez fus cucher. Auchourt'hui, ces canailles t'honnêtes chens ont câté le
métier! Il n'y a plis te foleurs. Alors qu'on me bermette
t'arrêter les honnêtes chens, car nom te Tié! ein chentarme qui n'arrête bersonne, ça n'est plis ein chentarme!
Che n'ai bas te chance. Mon collèque tu tépartement
t'a coté il a mis la main sur ein pau griminel qui afait
mis le feu à la maison te mossié le maire, et le brocureur
général a barlé te sa pelle conduite. Mais, nom te Tié!
che l'aurais eu cette pelle contuite, si le criminel afait
eu la ponté de commettre son grime à broximité te ma

résitence. Mais non! ce credin va se faire arrêter bar mon collèque qui a téja le métaille, tandis que che n'ai rien. C'est bas chuste!

Che n'ai bas te chance! Ternièrement, chavais fait une betite gontrafention et tut le monte m'a plaqué bentant quinze chours. Fus allez voir.

Che refenais t'Emprun. C'édait le chour te foire et chavais encore troisse lieues à faire afant te rentrer chez moi. C'hafise mossié Ferrari qui fenait afec son capriolet. Ponchour, mossié Ferrari, que che lui tis. — Ponchour pricatier, qu'il me tit. — Il y a encore troisse lieues à faire tut te même afant te se cucher. — Troisse lieues, qu'il me tit. — Fus seriez pien aimaple que che lui tis, te me laisser monder tans fotre capriolet. — Che feux pien, que rébond mossié Ferrari. — Mais afant te monder tans le capriolet, che lui tis : Payez-fus eine poutelle? — Mais nous sommes bressés, qu'il me fait. — Moi, qui afais mon itée, che lui tis : — Oh! ein quart'heure te plusse ou de moinsse, ce n'est bas le mort t'ein homme. — Chafais mon itée.

Nous pufons le poutelle que che lui laisse bayer, barce que il est riche, mossié Ferrari, et nous mondons tans le capriolet. Gomme c'havais mon itée, che l'embêchais d'aller fite en causant afec lui deine foule te choses, te mossié Tufernois, t'objets intifférents. Che cause très-pien, tepuis que che suis pricatier surdout. Quand che n'édais que simble chentarme, che ne causais bas si pien, barce que tans le chentarmerie tout se basse bar ortre hiérarchique et qu'ein simble chentarme il offenscrait son subérieur en causant aussi pien que lui.

Enfin, nous arrifons. La nuit édait fenue. C'édait ce que che voulais. Che tescends tu capriolet et che tis : — Che fus remercie pien, mossié Ferrari, bour le foiture et le poutelle, mais che fus téclare brocès-ferpal, tut de même. Fus n'avez bas te landerne. — Mais, qu'il me rébond, che croyais qu'ein chentarme édait eine landerne suffisante (Che n'ai bas combris), puis che n'avais bas besoin de landerne buisque si che ne m'édais bas arrêté pour fu bayer à poire che serais arrifé avant le nuit.

C'édait mon itée. Che foulais faire mon brocès-ferpal, et pour faire mon brocès-ferpal, il fallait faire arrifer mossié Ferrari abrès le nuit tompée. Che l'ai fait tut de même mon brocès-ferpal. Mais nom te Tié, cette grapule te Ferrari, il s'est pien fichu te moi. Che ne sais bas si che ne tefrais bas lui refaire ein audre brocès-ferpal bour outraches à le machistrature. Chujez blutôt.

Il arrife ein soir chez mon prétécesseur qui édait son coussin, afec ein fusil te chasse et eine carnassière. C'hétais là, pufant eine pouteille afec mon prétécesseur qui a te pien pon vin. — Tu viens bour chasser, lui tit mon prétécesseur. — Oh! non! mon coussin, que tit mossié Ferrari. Che n'ai bas te bermis te chasse et le bricatier Fritz est très-séfère. Si c'était encore fous, che ne tis bas.

Che me tis à moi-même : Pon, che fais lui conter eine plaque, et che ferai mon brocès-ferpal temain. — Ne craignez rien, mossié Ferrari, que che tis, che fermerai les yeux. — Mais fus m'afez técha fait ein brocès-ferpal. — C'était bour blaisanter. Tites-moi seulement où fous foulez aller et à quelle heure fous y serez pour que c'henfoie mes chentarmes t'ein audre côdé. — C'hirai à la traferse tes quatre chemins à troisse heures du madin. — Tiable, c'est te ponne heure. Enfin, tuez un lièfre et nous le mancherons ensemble.

Che m'en fas en me frodant les mains, comptant sur ein pon brocès-ferpal. A deusse heures et demie, c'hétais à l'entroit intiqué. Il faisait un froid te loup. Che sufflais tans mes toigts et c'hafais pien enfie te m'en aller, mais che tenais à mon brocès-ferpal. Eine heure se passe, et buis teusse, et buis troisse. Il pleufait te l'eau, c'hétais trempé comme eine soupe. Enfin, à sept heures tu matin, mossié Ferrari arrife. — Halte-là! que che lui tis, che fus téclare brocès-ferpal bour télit te chasse, ainsi qu'à ces teusse hommes qui vous accompagnent. — Gomment, Fritz, hier fus m'afez tit que che poufais chasser tranquillement, et fus me faites ein brocès? — C'hai pu le tire hier, mais che ne le tis plusse auchourt'hui. C'était ein piéche. Il fallait ne bas être assez fichu pête bour y tomper. Fotre nom? — Eh pien! en ce cas, fus êtes folé.

C'hai mon bermis te chasse. — Ne plaquez pas, que che lui tis. — Che ne plaque pas. — Lisez fus-même.

Che ne sais bas pien lire l'écridure, mais c'hai fu que les bermis étaient en rècle, cette canaille m'afait choué le tour te me faire cheler pentant quatre heures pour se fencher te l'histoire te la landerne. Che lui en ai tit bar exemple, mais ça ne m'a bas embèché te m'enrhumer et il ne m'a pas invité à mancher du lièfre.

Che fais tonner ma témission. Le chentarmerie est bertue. Eine canaille que chafais arrêdée, che ne sais bas bourquoi, s'est blaint à mes subérieurs qui m'ont tonné quinze chours t'arrêt et m'ont tit que chétais un impécile. Il n'y a plusse t'assassins; on cuillotine plusse, le métier est fichu! Nom te Tié! Pauvre chentarmerie!

MON AUBERGISTE

A CHARLES MONSELET

Lorsque tu es passé à Nancy, je t'ai fait cadeau d'un fantastique bouquiniste, faisant sa cuisine au milieu des livres, et c'était le miroton fumant qui séparait la jurisprudence de la littérature. Ce bouquiniste te vendit un *Hymne au soleil* du sieur de Reyrac, je crois. Aujourd'hui, ce n'est plus un bouquiniste que j'ai sous la main, c'est un aubergiste comme le poisson de *l'Ours et le Pacha*, un aubergiste, comme on n'en voit guère, un aubergiste comme on n'en voit pas.

Maître Bastien Perretti, Corse corsicant, comme on dit Breton bretonnant, est né à Sartène, mais la vraie patrie d'un homme est le lieu où il s'est illustré. A ce

compte, Sainte-Lucie de Tallano réclame Bastien Peretti
et Maria Domen, son épouse légitime, comme siens.

Le canton de Tallano est un des plus jolis cantons de
la Corse. La verdure et l'eau vive en font un coin de
paradis. Mais ce diminutif d'Éden avait, il y a quelques
années, un grave inconvénient. Chaque village avait une
vendetta avec le village voisin, et avec lui-même. Les
bandits manquaient de logement. Un coin dans un ma-
quis devenait hors de prix. C'est le pays des deux Co-
lomba, celle de Loretto, qui eût pu servir de modèle à la
Guanhumara des *Burgraves*. On jouait aux cartes sur la
place publique, la carabine chargée entre les jambes, le
stylet dans la manche de la veste. A la moindre con-
testation, le stylet sortait de la manche, et la carabine
ronflait.

Bastien eut l'idée de civiliser Sainte-Lucie en fondant
un café, un café avec billard, tables de marbre, et le
portrait de l'Empereur au fond de la salle. Le café
réussit, on déserta la place publique, et l'on ne déchargea
plus son fusil que sur les merles et les lièvres, et Sainte-
Lucie est devenu un des plus coquets villages de l'île.

De simple cafetier, Bastien est devenu maître d'hôtel.
Son auberge est confortable, gaie, mais n'est pas acces-
sible à tous. Bastien est aristocrate. Pour rien au monde,
il ne recevrait un paysan. Il ne veut accepter que des
continentaux ou des employés : au-dessus du receveur
de l'enregistrement, il ne voit plus rien. L'enregistrement est devenu pour lui le faîte rayonnant où trônent
les hommes vraiment supérieurs.

Bastien sait par cœur l'histoire de tous les receveurs
de l'enregistrement qui se sont succédé à Sainte-Lucie
et la raconte sans miséricorde à chaque voyageur nouveau qui descend chez lui; l'histoire est d'autant plus
intéressante, que Bastien la raconte dans un langage
particulier, qui n'est ni du corse, ni de l'italien, ni du
français, un langage improbable où l'on ne distingue
que *Ma!* et *comprenez*. La lucidité de ce langage est
telle, qu'un jour Bastien, me racontant l'histoire d'une
famille de Tallano, j'ai compris qu'un neveu avait épousé
son oncle et que leur grand-père était issu de ce mariage.

Quand Bastien commence une histoire, il ne faut pas croire que l'on pourra en éviter un mot.

Une fois, par hasard, un voyageur put s'échapper au huitième receveur de l'enregistrement. Trois mois après, il repassait dans les environs de Sainte-Lucie, quand, au détour d'un sentier, Bastien apparut : *Ma!* c'est alors que, vous comprenez, le neuvième receveur, etc. Le voyageur dut écouter la nomenclature complète des receveurs de l'enregistrement.

En dehors de son enthousiasme pour l'enregistrement, Bastien a deux défauts capitaux : un amour immodéré des tomates, qu'il fourre partout, et une passion exaltée pour cette abominable cuisine à l'huile, inventée uniquement pour faire cuire les martyrs de la foi chrétienne. Bastien trouve moyen de mettre des tomates jusque dans les œufs à la coque.

Le pays est plein de vaches et de cochons ; Bastien prétend qu'il est impossible de trouver du beurre et du saindoux. Nous lui avons demandé en grâce de nous laisser faire, rien qu'une fois, pour notre usage personnel, une soupe aux choux comme nous l'entendions. Après mille difficultés, Bastien y consentit ; le soir, quand on servit la soupe, sa figure rayonnait. La soupe était écarlate, de choux il n'en restait plus trace. — *Ma!* dit Bastien triomphant, votre soupe elle n'aurait pas été bonne, ze l'ai arranzée. Comprenez : — Le misérable avait enlevé les choux et les avait remplacés par sa pommade de tomates.

Cependant, soyons juste, on peut obtenir de lui un peu de cuisine française ; mais alors Bastien fait une maladie. Son amour-propre national est froissé et met huit jours à rentrer dans son état normal.

Cela n'empêche pas Bastien d'être le dévouement et la complaisance en personne. J'ai passé un mois chez lui, à moitié aveugle, malade, pouvant à peine me traîner. Le bon Peretti a mis son hôtellerie en l'air pour me soigner, mais jamais je n'ai pu le faire consentir à me servir les truites du Fiumogrosso autrement que dans une infâme friture où il n'y avait plus qu'à mettre une mèche pour obtenir une lampe.

Bastien se fera inhumer après sa mort dans un tonneau d'huile. Un jour, il considérait une boîte de sardines :
— Sont-elles heureuses! s'écria-t-il.

Je lui ai dû une fausse joie. Un soir, un homme d'un extérieur farouche, le fusil sur l'épaule, arrive chez Bastien, dîne solitairement et s'en va. « Il vient pour *faire sa vengeance*, » nous dit le brave hôtelier. Je flairais déjà une histoire de *vendetta* dont j'aurais été le témoin. O désillusion! Vengeance, dans le patois de Bastien, voulait dire : vendange. Mon bandit était un honnête propriétaire qui venait cueillir son raisin, simplement.

Et cependant Bastien est allé à Ajaccio, afin de voir l'impératrice; mais, en débarquant, il a rencontré un marchand d'huile... L'impératrice, le prince impérial ont été oubliés immédiatement. La seule chose qui ait frappé Bastien, ça été les illuminations. Il a trempé son doigt dans un godet ou deux : — Bonne huile! a-t-il dit; puis il est revenu à Sainte-Lucie, enchanté de son voyage.

CHRONIQUE PRIVÉE

On est seul. Au dehors, la pluie, le vent commencent à se livrer à leurs exercices. Mais qu'importe! Le feu flambe dans la cheminée. Les pincettes à la main, on rêve aux poëmes futurs, les plus beaux de tous! Temps sombre et froid, humidité de l'air, tout est oublié. Les visions chéries ont pris un corps et causent avec vous, lorsque brutalement, sans presque frapper, un gêneur entre chez vous, s'installe au coin du feu, et envoie promener au loin le doux spectacle aux acteurs vêtus de satin blanc et rose.

Il vous parle. On ne lui répond que par des monosyllabes. On se lève, on va chercher un livre, on fait semblant de travailler, on essaie de travailler même, le butor ne comprend rien. Il est là penché sur votre épaule. Il marche, il bâille, il vous fait bâiller, mais il ne s'en va pas. La maison lui appartient. Elle est à lui, c'est à vous d'en sortir.

Hélas! j'écris ces lignes avec un gêneur derrière moi, et un gêneur corse encore. On vient de tuer un homme cette nuit; il y a trois jours, un autre a reçu une balle dans le front; lundi dernier, un agent de police a tiré un coup de revolver à bout portant sur un officier, et le frère de l'agent a tenté de poignarder un ami de l'officier; vous comprenez pourquoi je ne mets pas à la porte cet être barbu qui s'installe, fouille dans les armoires, et m'apporte tout l'ennui de son désœuvrement. Il a peut-être un pistolet ou un stylet dans sa poche, et je ne me soucie pas d'être la cinquième victime de la semaine.

Un ami à moi, Français, a failli être écharpé hier parce qu'il prétendait que Théodore Poli, un Troppmann corse, n'était pas absolument le modèle des honnêtes gens; voilà pourquoi, au lieu de l'article gai que je voulais envoyer à l'*Éclipse*, j'écris ces lignes mélancoliques.

Il est là, le monstre, il crache, il arpente la chambre, il fait trembler le plancher et moi avec. Ses instincts féroces lui chantent secrètement comme une romance célèbre :

« Arme ta carabine! »

— Je n'ai aucune carabine à ma disposition, et, d'ailleurs, j'en aurais une, à quoi me servirait-elle?

Il me semble que mon tyran jeta des regards inquiétants sur moi. Il tient son journal à l'envers. Voudrait-il m'assassiner afin de s'emparer des capitaux dont mon gousset de gilet est garni.

« Vous écrivez?

— Oui.

— A qui?

— Au khédive.

— Peut-on voir? »

Un frisson me passe par le corps. Je ne sais que répondre, cependant je finis par accentuer un : Non! d'une voix aussi ferme que cette situation délicate le permet.

T'en iras-tu, gredin? Si je trouvais le moyen de lui faire dire que sa femme le déshonore en ce moment tout en profitant de l'occasion pour la déshonorer elle-même? Il tuerait le premier Lucquois qu'il rencontrerait sur son passage et porterait sa tête coupable sur l'échafaud.

Quels sinistres projets peut-il bien rouler dans cette tête, encore sur ses épaules? Il me demande mon opinion sur la marche du gouvernement. Soyons prudent.

« Je pense qu'Alphonse Lemerre a bien mérité de la patrie! »

Cette réponse énergique paraît le satisfaire. Il se dirige du côté de la porte. Va-t-il sortir? Non! il revient. Je me précipite avec fureur sur les feuilles de papier éparses devant moi et m'absorbe dedans. Peine perdue! Le scélérat est toujours là. Il ne bougerait pour un empire. Mais va-t-en, animal!

« Je vais sortir, lui dis-je exaspéré.

— Je vous accompagne. Justement je n'ai rien à faire aujourd'hui.

— Eh! je le vois bien, misérable, que tu n'as rien à faire. Tu es l'homme des foules. Tu fuis la solitude pour oublier les remords qui te déchirent le sein, car tu as commis des crimes, bandit! »

Je me rappelle le trait d'Hyacinthe (le vrai) dans les *Diables roses*, et je me mets à dire :

« Tiens! voici les gendarmes! »

Et je regarde l'effet que cette nouvelle foudroyante produit sur son visage. Le visage ne remue pas. Évidemment j'ai affaire à un chef de bande. C'est peut-être lui qui a acheté le fonds de Massoni. Comment l'amadouer?

Je tire les sept sous qui garnissent mon gilet et je les pose sur le coin de la cheminée.

Cependant, les pauvres vers commencés le matin avant l'arrivée de cet homme redoutable semblent me reprocher de les abandonner ainsi, mais je ne peux cependant pas introduire la Muse dans une chambre où elle pourrait faire une aussi fâcheuse rencontre.

Si, encore, j'avais affaire à un bandit pittoresque, qui chanterait des barcarolles? Mais non! Mon bandit a un paletot plus beau que le mien même, un pantalon coupé dans une étoffe fastueuse, un pantalon de riche banquier. Son costume est correct, mais n'a rien d'étrange. Sa figure, à tout prendre, est plutôt niaise que féroce, mais La Pommerais avait une bonne figure aussi; cela ne l'a pas empêché de finir d'une manière déplorable. Puis enfin, honnête homme ou criminel, il m'obsède, il m'assomme, et je suis trop lâche pour lui dire de filer.

J'irais bien me promener, mais la pluie redouble, le vent soulève les toitures des maisons à bras tendu et jongle avec elles, je suis prisonnier. Il m'est impossible de jouer la scène des bruyères du *Roi Lear*, au bénéfice de quelques bergers immobiles dans la campagne sous leurs pilones.

Je me décide à hurler le récit de Théramène, espérant le faire fuir. Pas du tout! Il me dit :

« C'est très-intéressant! Et c'est dans votre pays que la chose s'est passée? »

Je comprends le crime! le meurtre commis en de certaines circonstances m'apparaît comme une chose naturelle. J'ai du sang corse dans les veines.

« Comprenez-vous qu'on en arrive à tuer un homme? lui dis-je.

— Parfaitement! »

Je me recule, car si l'action de refroidir une créature humaine, au sang bouillant, lui paraît aussi simple que cela, la victime qui doit rester sur le carreau pourrait bien ne pas être celle que je désire, et je me borne à répondre :

« Moi aussi, mais pas entre les repas. A jeun, tant qu'on veut, entre le déjeuner et le dîner, jamais! Il y a temps pour tout. »

Enfin! on frappe à la porte. Mon aubergiste vient me

dire que le dîner est servi. Brave homme! Je me hâte de le suivre, et, dans la rue, mon bourreau me dit avec son plus aimable sourire :

« Je reviendrai. C'est charmant de passer une après-midi à deux, comme cela. On ne fait pas attention au temps, comme lorsqu'on est seul. »

Canaille! misérable!! assassin!!!

VOCATION MANQUÉE

Je ne me plains pas. Un chacun doit être content de ce que le bon Dieu lui donne, excepté quand les dons du Seigneur consistent en pleurésies, fièvres tierces ou sommes considérables en monnaie pontificale. Moi, je me porte bien, je n'ai que de bon argent ayant cours légal, une femme qui ne dit jamais un mot plus haut que l'autre, fait la cuisine avec génie et ne voit rien au monde qui me soit supérieur. De quoi me plaindrais-je?

A votre santé!

Je gagne dix-huit cents francs par an chez M. Toupinel. J'arrive à mon bureau à dix heures du matin. J'ai une heure et demie pour déjeuner. J'en prends deux, et à quatre heures, je n'ai plus qu'à regarder voler les hirondelles.

Mes cheveux grisonnent. Cela me donne l'expérience des choses du monde ; mon ventre s'arrondit, sans pousser jusqu'à l'obésité, et cependant, voisin, par moment, je soupire. Tel ne devrait pas être mon avenir. Encore un coup, je ne me plains pas, mais enfin j'ai quatre heures de travail quotidiennes. Il faut être au bureau tous les

jours, les dimanches et jours fériés exceptés, et j'aurais
pu avoir un bon état qui m'eût occupé à peine trois ou
quatre jours dans l'année, et m'eût permis de terminer
tranquillement le poëme en vers latin que je compose à
la louange du maréchal Canrobert.

Ce petit vin n'est pas mauvais, n'est-ce pas? C'est mon
beau-père qui me l'envoie. Un brave homme. Il est bien
malade. Je crois qu'il n'en a pas pour longtemps. Ça sera
toujours dix mille francs de plus qui me reviendront. Je
dirai à ma femme de le pleurer pendant mes heures de
bureau. Je suis sensible. Les larmes me font mal à voir
couler.

Vous le savez, j'ai des goûts simples et modestes :
mon café au lait le matin, le dîner servi à midi juste et
le souper à six heures, il ne m'en faut pas plus. Aujour-
d'hui, je ne songe plus à la position que j'ai perdue, et
si je vous en parle, c'est l'histoire de passer le temps.

J'aurais voulu être bourreau!

Oh! non pas à Paris, pas même à Lyon ou à Marseille.
Pour exercer dans ces villes-là, il faut avoir des capacités dont je me sens dépourvu. J'aurais voulu une bonne
petite place de bourreau départemental, à X***, par exemple. Les habitants de ce pays sont généralement doux ;
le climat est sain ; riantes collines, gracieux cours d'eau,
vallons spacieux et un bon petit vin qui vous a un bouquet de grand crû; enfin, un horizon fait à souhait pour
le plaisir des yeux.

On assassine peu dans les environs de X***, puis le
jury est très-indulgent. Sur cinq ou six cas entraînant
la décapitation, quatre au moins, et quelquefois tous,
obtiennent des circonstances atténuantes. Vous voyez, il
y a peu de chose à faire.

Je pourrais demeurer en dehors de la ville, cultiver
mon jardinet, greffer mes églantiers, élever des lapins,
me livrer, en un mot, aux douceurs de la villégiature.
Le dimanche, après vêpres, je ferais ma partie de piquet
avec le curé. Bons appointements, tranquillité, n'est-ce
pas là le rêve du sage réalisé?

Je pourrais, me direz-vous, demeurer en dehors de la
ville, avoir un jardinet, élever des lapins. Eh bien! et

mon bureau? Croyez-vous que je vais traverser la ville par la pluie, la neige, le soleil, quatre fois par jour? Dites tout de suite que vous voulez ma mort!

Puis, enfin, je ne tiendrais pas à une trop grande indulgence de la part du jury. Il faut des exemples pour le peuple, et ma délicatesse répugne à une sinécure. Je demanderais qu'on me donnât seulement une ou deux têtes à couper par an, c'est raisonnable, en été principalement.

D'abord, en province, on guillotine généralement sur le lieu du crime, ce serait pour moi l'occasion d'un petit voyage. Le changement d'air est utile à l'homme. Ce serait charmant! Traverser, dans une bonne voiture, les champs et les prairies dont la rosée s'évapore aux rayons du soleil; entendre le gazouillement des petits oiseaux dans les branches; voir l'industrieuse abeille butiner son miel de fleur en fleur; monter à pied un coteau verdoyant; admirer le bon sourire des paysans; boire une tasse de lait dans une ferme, arriver, faire sa petite affaire, et revenir tout doucettement embrasser sa ménagère, avec la satisfaction d'une journée agréablement et utilement remplie. Ah! quel rêve, voisin! Quel rêve! et j'ai dû y renoncer!

A la vôtre!

Aussi, voisin, quand le *Pays,* auquel je suis abonné en quatrième, donne le récit d'une exécution, je n'en perds pas une ligne, pas une syllabe. Je me dis : C'est peut-être moi qui aurais fait tomber cette tête-là. Enfin! n'y pensons plus.

Deux choses m'ont empêché d'être bourreau. Il faut savoir couper les cheveux, et je ne sais pas. Mais en quelques leçons, comme je suis assez intelligent, j'y serais parvenu, d'autant plus qu'on n'exige pas une coupe comme pour un bal de l'Hôtel de Ville. Ensuite, on guillotine au petit jour, et je ne me lève qu'à neuf heures en hiver et à sept heures en été. Le moindre changement dans mes habitudes, et il faut aller chez le médecin.

Je demandais, dans ma pétition, que l'on guillotinât à deux heures de l'après-midi. C'est une bonne heure. Elle n'oblige pas une foule d'honnêtes gens, venus pour se recueillir devant l'appareil terrifiant de la justice, à passer une nuit dehors, et à gagner ainsi des fluxions de poitrine. La santé publique avant tout, que diable! Puis j'aurais eu le temps de déjeuner. Le travail que je fais à jeûn n'est jamais bon. On n'a pas voulu, et voilà comment je suis resté employé chez M. Toupinel, conservateur des hypothèques. Que voulez-vous? Quand on n'a pas ce que l'on aime, il faut aimer ce que l'on a, comme dit la chanson.

A la vôtre!

THÉOLOGIE DE VILLAGE

MADAME PIQUERLÉ.

Eh! vous passez bien vite, la mère Pati?

MADAME PATI.

J' crois ben! C'est la Victoire qui m'envaie q'ri. Sa vaque va vêler; faut que j'y aide.

MADAME PIQUERLÉ.

Al' attendra. Arrêtez-vous un brin. Qué qu' v' z'avez dans vot' panier?

MADAME PATI.

D' la morue pour le dîner. J'en avons mangé hier, et pis avant-hier. C'est écœurant, à la longue.

MADAME PIQUERLÉ.

Faut faire son salut.

MADAME PATI.

C'est ce que je m' dis. Mais j' voudrais bien que le
diable emporte leux sacré Carême. Le pauvre monde ne
sait pus quoi acheter. Les légumes sont hors de prix.
Y a pas moyen d'approcher de la raie.

MADAME PIQUERLÉ.

Ah! moi, j' vas faire réchauffer un restant d' gigot
avec des pommes de terre.

MADAME PATI.

Un mercredi!

MADAME PIQUERLÉ.

Voulons point que je l' perde!

MADAME PATI.

Faudra l' dire à confesse.

MADAME PIQUERLÉ.

Je l' dirons.

MADAME PATI.

Not' curé est ben accommodant pour ça. C'est un
digne homme.

MADAME PIQUERLÉ.

Et pis, y n' le serait point, ça serait tout comme.

MADAME PATI.

Avec ça qu'y se privent!

MADAME PIQUERLÉ.

Les curés?

MADAME PATI.

J'en ai connu un qui ne mangeait que de la peau d'oie
rôtie, matin et soir.

MADAME PIQUERLÉ.

Vous voyez donc.

MADAME PATI.

Mais y z'ont des dispenses.

MADAME PIQUERLÉ.

Et de qui?

MADAME PATI.

De not' saint Père, donc.

MADAME PIQUERLÉ.

En v'là encore un qui se prive, avec son *Dernier* de saint Pierre, que c'est toujours à recommencer.

MADAME PATI.

Savez que ça y a rapporté près de cent cinquante francs l'année passée, sans compter son fisque!

MADAME PIQUERLÉ.

Mais qué qu'y peut faire de tout c't argent?

MADAME PATI.

C'est un dépensier. Y mange tout à l'auberge avec une autre pratique, un nommé Veuillot. Y prennent des cafés toute la journée.

MADAME PIQUERLÉ.

Et vous croyez que j'vas l' plaindre?

MADAME PATI.

Pus souvent! Mais c'est la religion qui le veut.

MADAME PIQUERLÉ.

Et faut d' la religion, sans ça je serions comme des bêtes. C'est le prédicateur qui zont fait venir de Paris qui l'a dit: « Vous seriez comme vot' poule, comme vot' vaque, comme vot' cochon! En a t-y dit!

MADAME PATI.

Ah! y prêche ben! Il a la langue rudement pendue.

MADAME PIQUERLÉ.

L'aut' jour y nous a conté l'histoire de saint?.. de saint?.. Je ne sais pus. Un saint qui mangeait des feuilles de chou.

MADAME PATI.

Comme les lapins.

MADAME PIQUERLÉ.

Comme les lapins. J'avons ri! Ah! y prêche ben.

MADAME PATI.

Et vous croyez ça?

MADAME PIQUERLÉ.

C'est des bêtises, des artiques de fouet qu'y z'appellent ça, mais ça fait passer le temps.

MADAME PATI.

Et pis, il est gentil comme tout avec sa perruque bouclée et ses yeux qui flambent.

MADAME PIQUERLÉ.

Je n' me fierais point à li.

MADAME PATI.

Moi non pus. Vous m' direz qu' j'ai passé l'âge, ça n' fait rien. Je n' m'y fierais point.

MADAME PIQUERLÉ.

C'est que c'est des gas décidés que ces messieurs prê-tres!

MADAME PATI.

Surtout ceux de Paris. C'est pas des pauvres vieux bonshommes comme cheux nous.

MADAME PIQUERLÉ.

Leux prières n'en valent pas mieux.

MADAME PATI.

A propos, vous savez que la fille Éloi va s' marier chez les protestants.

MADAME PIQUERLÉ.

Leux religion vaut mieux que la nôtre.

MADAME PATI.

Mais j'en voudrais point changer.

MADAME PIQUERLÉ.

J' crois ben. Vous seriez écommuniée.

MADAME PATI,

Y z'iront dans l'enfer.

MADAME PIQUERLÉ.

S'y en a un.

MADAME PATI.

Oui, y en a un.

MADAME PIQUERLÉ.

Y êtes-vous allé voir?

MADAME PATI.

Jamais de la vie. Mais faut avoir une croyance, sans ça en ne prospère pas. Tenez, la veuve à Mathieu n'a point voulu quêter pour son petit qu'avait le mal saint-main. Elle a mieux aimé aller voir le médecin.

MADAME PIQUERLÉ.

Et le petit n'a pas guéri?

MADAME PATI.

Si ben! mais ça y a coûté quatre francs dix sous, et al' sera damnée.

MADAME PIQUERLÉ.

C'est des païens que ces gens-là.

MADAME PATI.

N'empêche que son aîné est dans l'enregistrement.

MADAME PIQUERLÉ.

Ça l'empêchera-t-y de mourir?

MADAME PATI.

Comme tout le monde.

MADAME PIQUERLÉ.

Après nous le déluge!

MADAME PATI.

Moi, j' crois qu'y a quelqu' chose au-dessus de nous.

MADAME PIQUERLÉ.

Et puis à ses saints.

MADAME PATI.

On va faire remettre un nez au nôtre.

MADAME PIQUERLÉ.

Il en a besoin. Seriez-vous heureuse, vous, de n'avoir
pas de nez?

MADAME PATI.

Je n' dis pas ça. J' m'en vas.

MADAME PIQUERLÉ.

Voulez-vous prendre une goutte?

MADAME PATI.

C'est pas de refus.

MADAME PIQUERLÉ.

Entrez donc. A la vôtre!

MADAME PATI.

A nos Pâques!

MON ENGAGEMENT

A M. François POLO, directeur de l'*Éclipse*.

L'année dernière, touché de l'embarras où se trouvait l'Espagne, un comédien se proposa au *Charivari* pour être ce roi introuvable que cherchent les vainqueurs des Maures. Mais ce comédien ayant négligé de donner un répertoire sérieux, sa proposition ne fut point acceptée. Je la reprends aujourd'hui pour mon compte. Un an d'efforts infructueux depuis cette époque rendra peut-être les fils de Pélage moins difficiles sur le choix de leurs monarques.

Je vous envoie, avec mon répertoire royal, un petit projet d'engagement qui, je l'espère, satisfera les plus difficiles :

RÉPERTOIRE

LA JUIVE.	Sigismond (à cheval).
ROBERT LE DIABLE.	Le roi de Sicile.
LA REINE DE CHYPRE.	Le pape.
LES CHEVALIERS DU BROUILLARD.	Le roi (je ne sais plus son nom).
HERNANI.	Le duc de Bavière.
HAMLET.	Claudius.
LE CHATEAU DES SEPT TOURS. . .	Le grand Turc.

Plus une masse de petits princes, sans compter don José de Santarem, premier ministre d'Espagne, dans *Don César de Bazan*, ce qui m'a donné une teinture des affaires de ce pays infortuné.

ENGAGEMENT

Entre les soussignés FERNAND CORTÈS, *organisateur des trônes d'Espagne,*
    D'une part ;
    Et le sieur ALBERT GLATIGNY, *prétendant libre de tout engagement qui puisse contrevenir au présent,*
    D'autre part ;

A ÉTÉ CONVENU CE QUI SUIT :

ARTICLE PREMIER. — Le sieur Fernand Cortès engage le sieur Glatigny (Albert-Alexandre-Joseph), né à Lillebonne (Seine-Inférieure), le 21 mai 1839, vacciné, pour l'emploi de roi de toutes les Espagnes.

ART. 2. — Le voyage sera payé en première classe, de Paris à Madrid, au sieur Glatigny, ainsi qu'à sa chienne Cosette, pour aller.

Le voyage de retour est à la charge du sieur Glatigny.

ART. 3. — Le port des effets du sieur Glatigny lui sera remboursé par le sieur Fernand Cortès aussitôt son arrivée à Madrid.

ART. 4. — Les arcs de triomphe, les acclamations, l'enthousiasme du populaire, en un mot, toute la banque, sont aux frais du sieur Fernand Cortès.

ART. 5. — La chienne Cosette aura ses entrées à l'Escurial. Le sieur Glatigny, qui ne veut, sous aucun prétexte, se sép   de sa chienne, n'entend pas être exposé à avoir une affaire d'honneur, à cause d'elle, avec un portier incivil, ainsi que la chose a failli lui arriver avec les portiers de Ravel et de Gill.

ART. 6. — Le sieur Glatigny, jouissant encore d'une extinction de voix, il lui sera permis de mimer son premier discours au peuple. Il a, d'ailleurs, dans sa garde-robe, un costume complet de Pierrot qui lui a été donné par son ami Charles Debureau, et qu'il endossera pour la circonstance. D'ailleurs, l'art de la pantomime ne lui est pas étranger. Il a débuté comme mime aux Bouffes-Parisiens, en 1855, sous la direction de M. Jacques Offenbach, en compagnie de Verudder et du père Laplace, dans *Arlequin barbier* et *Pierrot clown*. Le passant des *Deux Aveugles*, qui ne dit rien, peut également être compté comme rôle de pantomime.

ART. 7. — Le costume royal, l'uniforme pour les revues et les décorations seront fournis par le magasin. Le sieur Glatigny s'engage à les rendre en bon état et à ne pas mettre les diamants dans sa poche, à l'expiration de son engagement.

ART. 8. — Le sieur Glatigny s'engage à être exact aux répétitions, raccords, etc., à peine d'une amende de cinquante centimes par quart d'heure de retard.

ART. 9. — Il s'engage également à faire le bonheur de son peuple dans la faible mesure de ses moyens.

ART. 10. — Si, à l'expiration du premier mois, le public trouve que le sieur Glatigny a joué son rôle comme un vrai pignouf, le présent engagement sera résilié de droit, et le sieur Glatigny n'aura d'autre indemnité à réclamer que le payement de son premier mois d'appointements, que, d'ailleurs, on lui aura compté à Paris avant son départ.

ART. 11. — En cas de chute, l'effusion du sang sera remplacée par l'effusion des cœurs.

ART. 12. — Les honoraires du correspondant seront aux frais du sieur Fernand Cortès.

ART. 13. — Moyennant les conditions fidèlement

14

remplies, le sieur Fernand Cortès s'engage à payer au
sieur Glatigny la somme de *un million* par mois, en
monnaie de France. (Comme ça, si je tombe au bout
d'un mois, il me restera encore quelques sous pour revenir à Paris. Avec soixante-dix francs par mois, il
paraît qu'on vit très-bien à Madrid).

ART. 14. — Une représentation à bénéfice est accor-
dée au sieur Glatigny, au théâtre *del Principe.*

*S'adresser, pour traiter, à M. Borssat, 21, faubourg
Saint-Denis, à Paris. (Il y a un bureau spécial pour les
cafés-concerts.)*

———

Ces conditions me paraissent acceptables. Entre nous,
les Espagnols auraient tort de ne pas m'engager. J'ai
parcouru à pied une partie du Guipuzcoa. Anatole et
Hippolyte Lionnet, qui parlent très-bien le basque, par-
leront en mon nom au peuple et termineront leur discours par des chansonnettes ou des imitations, à volonté.
On s'amusera, et je ferai de l'*Eclipse* le journal officiel
de toutes les Espagnes. C'est assez te dire, mon cher
Polo, qu'il faut chauffer ma candidature.

                    Albert GLATIGNY Ier.

Si don Carlos m'ennuie, Gill soulève deux chaises à
bras tendu. Je ne lui dis que ça.

                              A. G.

———

RAMAGES D'OISEAUX

Dans sa chambre où LUI s'est introduit dans un but coupable. La petite ville est endormie. LUI allonge des jambes démesurées devant le feu et se rapproche d'ELLE qui a cessé de rougir depuis longtemps.

ELLE.

Il m'appelait son ange !

LUI.

Moi, je lui disais : mon chou.

ELLE.

Ah ! c'est que vous ne savez pas aimer, vous !

LUI.

Ça dépend. Si au lieu de me trouver près d'elle je me fusse trouvé près de vous, je me serais fendu de l'ange. Car vous en êtes un, Clémentine.

ELLE.

Ne vous fichez pas de moi comme ça.

LUI.

Non ! blague dans le coin, vous êtes un ange, et si nous remontons les *Amours du diable*, je vous distribuerai l'envoyé du Seigneur, celui qui tient l'épée et qui ne dit rien.

ELLE.

Avec une jupe courte et des ailes comme dans *Orphée aux enfers.*

LUI.

Tout juste, trognon.

ELLE.

Ah! c'est que j'ai de l'ambition. — Finissez, Casimir, — j'ai été à Paris, telle que vous me voyez. J'ai joué aux Délassements.

LUI.

Dans quelle pièce?

ELLE.

Je ne sais pas. Je jouais les grenouilles.

LUI.

Les grenouilles?

ELLE.

Oui, c'était une grande pièce. Il y avait un bal dans un salon rouge. Je traversais le fond du théâtre avec une autre femme. J'avais une toilette, je ne vous dis que ça. C'était plus chic que celle des autres. Quand c'était à nous de passer, le régisseur nous criait : Par ici, les grenouilles; vous allez manquer l'entrée!

LUI.

Joli début.

ELLE.

Un vieux monsieur que je connaissais m'a dit que j'avais beaucoup d'intelligence, et que j'irais loin.

LUI.

Un malin, ce vieux monsieur.

ELLF.

Je n'ai pas mal dit mon rôle, hier, n'est-ce pas, Casimir? Il n'est pas long, mais j'ai fait de l'effet.

LUI.

Je crois bien! quand on lâche des phrases comme ça:
— J'ai-z'un billet pour madame!

ELLE.

On a applaudit.

LUI.

Ça le méritait.

ELLE.

J'ai toujours aimé le théâtre! quand j'étais petite, je retirais toujours ma chemise pour en faire un turban, et je montais sur la table en disant : — Et par ici! Et par là!

LUI.

Ça devait être joli. Montrez un peu comme vous faisiez.

ELLE.

Comme ça. *(S'arrêtant).* Ah! que vous êtes bête, Casimir! C'est que je l'écoutais encore!

LUI.

Il faut toujours écouter les personnes respectables. *(Jeux de scène intraduisibles au moyen de simples explications françaises. Tout au plus pourrait-on les énoncer en latin, et encore!..)*

ELLE.

Ah! ça n'est pas bien. Finissez. Je veux bien vous recevoir en camarade, mais c'est tout.

LUI.

Mais c'est tout ce que je veux aussi.

ELLE.

Croyez-vous que Berthe est assez grue? Je ne comprends pas qu'on se mette au théâtre quand on est aussi bête que ça.

LUI.

Et comment vous y êtes-vous mise?

ELLE.

C'est un jeune homme, bien distingué, qui venait souvent au magasin. Il était garçon coiffeur et il jouait la comédie à l'École lyrique. C'est lui qui m'a emmenée en province où il avait un engagement. Ah! je l'aimais bien! Pauvre Auguste!

LUI.

Pauvre Auguste! Et qu'en avez-vous fait?

ELLE.

Je l'ai lâché. Il n'avait que ses appointements.

LUI.

C'est juste.

ELLE.

Oh! moi, maintenant, c'est réglé! Pas de cabots!

LUI.

Ni de militaires.

ELLE.

Ça vous fait du tort. Tenez, regardez donc les *verses* qu'un monsieur chic m'a écrits hier.

LUI.

Voyons. *(Lisant)*.

    « Femme d'une élégance suprème,

    « En qui l'art embellit la nature,

    « Pourquoi ton cœur est-il si dur

« Au malheureux jeune homme qui t'aime?
« L'argent ne fait pas le bonheur.
« Aimer ensemble est bien meilleur. »

VIVIAN DE HAUTEFLUTE.

ELLE.

C'est un comte, mon cher.

LUI.

Ça ne m'étonne pas. C'est assez joli pour ça.

ELLE.

Est-ce pas? Ce n'est pas le premier venu qui ferait des choses comme ça.

LUI.

Oh! fichtre non! Mais faut prendre garde, ma biche : il est panné, ce Hauteflute.

ELLE.

Vrai?

LUI.

Comme aucune côtelette ne l'a été.

ELLE.

Ah! le singe! Ah! ça, dites donc. Il est minuit. Est-ce que vous allez coucher ici?

LUI.

J'ai perdu ma clef, et à moins de dormir dans la rue...

ELLE.

Qu'est-ce que vous faites?

LUI.

Je mets sur la table de nuit ma brochure de *Gavaud* pour étudier demain.

ELLE.

Eh bien, étendez-vous sur le canapé.

LUI.

Dans le lit. — Oui, mon ange.

ELLE.

Quel pignouf tu fais, Casimir!

Albert GLATIGNY.

FIN.

TABLE

FIN DE LA TABLE.

Paris. — Typ. A.-H. Bécus, 16, rue Mabillon.